オードブル教本

坂田阿希子

東京書籍

contents

＊計量単位は、1カップ＝200㎖、大さじ1＝15㎖、
　小さじ1＝5㎖です。
＊ガスコンロの火加減は、
　特にことわりのない場合は火加減は中火です。
＊オーブンの温度、焼き時間は目安です。
　機種によって違いがあるので加減してください。
＊オリーブオイルは、
　エキストラバージンオリーブオイルを使います。
＊塩、粗塩は自然塩を使います。

ビネグレットソース

おいしさの基本

ビネグレットソースはいわゆるフレンチドレッシングのこと。
ここでは、サラダはもちろん、冷製料理、肉や魚料理にも使える
オリーブオイルを使った、乳化タイプのものを紹介。
ここに野菜やピクルスのみじん切りなどを加えるとラビゴットソースになり、
この本では「白身魚のラビゴットソース」(p.68)を紹介しています。

材料／作りやすい分量
フレンチマスタード　大さじ1
塩　小さじ1
赤ワインビネガー　大さじ1
オリーブオイル　大さじ5
砂糖　小さじ1

1 ボウルにフレンチマスタード、塩、赤ワインビネガーを入れる。

2 小さめの泡立て器で混ぜる。

3 なめらかになるまでよく混ぜ合わせる。

4 オリーブオイルを少しずつ加え、混ぜ合わせていく。

5 乳化させながら混ぜる。乳化させると油っぽさや水っぽさがなくなる。

6 乳化してとろみがついたら、砂糖を加えてさらによく混ぜる。

手作りマヨネーズ

手作りしたものは市販のものよりマイルドな味で、
どんな料理に使ってもそれだけでご馳走感が出るのが魅力。
保存瓶に詰めて冷蔵庫に入れておけば2週間ほどもちます。
ここにハーブを刻んで加えればハーブマヨネーズになり、
コールドチキン(p.82)などにも使えます。

材料／作りやすい分量

卵黄　1個分
米酢　小さじ½〜1
フレンチマスタード　小さじ1
塩　適量
サラダ油などクセのない油　1カップ
オリーブオイル　¼カップ
レモンの搾り汁　小さじ1
砂糖　小さじ½
白こしょう　少々

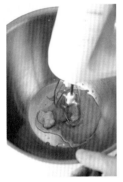

1 ボウルに卵黄、米酢、フレンチマスタードを入れてハンドミキサーで混ぜ、塩小さじ⅓を加えて混ぜる。

2 サラダ油を少しずつ加えて混ぜ、乳化させていく。

3 100mℓほど加えたら熱湯小さじ1〜2を加え、さらに油を加えて混ぜていく。

4 残りの100mℓを加えたらまた熱湯小さじ2を加え、オリーブオイルを少しずつ加えて混ぜて乳化させる。

5 レモンの搾り汁を加えて泡立て器で混ぜ、砂糖を加えてさらに混ぜる。

6 味をみて塩気が足りなければ塩少々を足し、こしょうで味を調える。

チキンブイヨン

3 おいしさの基本

オードブルをはじめとした洋食はブイヨンのおいしさが
仕上がりの味を大きく左右します。だから手作りがおすすめ。
ここではオールマイティに使えるチキンブイヨンを紹介します。
保存容器に入れて冷蔵庫で3〜4日保存可。
すぐに使わない分は、フリーザーバッグなどに入れて冷凍庫へ。

材料／でき上がり約2.5ℓ分
鶏ガラ　大2羽分
セロリ(葉つき)　1本
玉ねぎ　1個
にんじん　1本

1 鶏ガラはさっと洗って水気を拭き、首がついていれば切り離し、3等分くらいに切り、鍋に入れる。

2 セロリは1〜2cm幅に切り、葉はざく切りにする。玉ねぎ、にんじんはざく切りにする。**1**に加える。

3 水4ℓを注ぎ入れ、強火にかける。

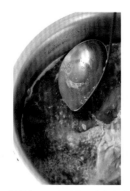

4 沸騰してアクが出てきたら強火のままアクをすべてとり除き、水面がフツフツとゆれるくらいの弱火にし、1時間30分〜2時間煮る。

5 ⅔量くらいの水分量になったら火を止める。こんな感じ。

6 ペーパータオルを敷いたザルをボウルにのせ、静かに漉す。

基本のコンソメスープ

牛赤身ひき肉と香味野菜、水で作るレシピを紹介。
牛肉のうまみを引き出したおいしいスープは、
このままコンソメスープ(p.97)として味わうほか、
アスピックゼリー(p.88)などにも使います。
ここでは塩味をつけず、料理を仕上げるときにそれぞれにふさわしい塩味をつけます。

おいしさの基本

材料／でき上がり 800 〜 900mℓ分

牛ひき肉(すね肉などの赤身)　1kg

セロリ　100g

玉ねぎ　100g

にんじん　100g

トマト　大1個

卵白　5個分

ローリエ　2枚

1 セロリ、玉ねぎ、にんじん、トマトは1cm角に切り、ひき肉とともにボウルに入れ、卵白を加える。

2 卵白を全体にからめるように、手でよく混ぜる。

3 2に水2ℓを加えてよく混ぜ、鍋に移す。

4 強めの中火にかけ、木ベラで混ぜながらほぐし、煮立ってきたらローリエを加え、静かに沸騰する程度の火加減で40分ほど煮る。

5 アクが出てきたらとり除かず、混ぜず、そのまま煮て火を止める。

6 ペーパータオルを敷いたシノワの下にボウルをおき、静かに漉す。

プチシュー

小さく絞り出したシュー生地に砂糖をまぶして焼いた
お菓子「シューケット」の、甘くないバージョン。
ムースやペーストを詰めてオードブルに仕立てます。
この本ではサーモンムース詰め(p.72)、レバーペースト詰め(p.86)で紹介しています。

おいしさの基本

材料／約40個分

牛乳　60mℓ
塩　5g
砂糖　3g
バター(食塩不使用)　60g
薄力粉　30g
強力粉　40g
卵　2〜3個

1 鍋に水60mℓ、牛乳、塩、砂糖、バターを入れて火にかけ、沸騰してバターが溶けたら、薄力粉と強力粉をふるって一気に加える。

2 木ベラで絶えず混ぜながら、生地をまとめていく。

3 生地がひとつにまとまり、鍋底に薄く生地の膜が張るくらいになったら火を止め、ボウルに移す。

4 卵をよく溶きほぐし、**3**に少しずつ加えながら混ぜていく。

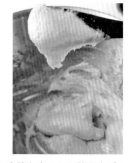

5 生地を木ベラで持ち上げたとき、三角形を作りながらぽたっと落ちるかたさになったら、卵を加えるのをやめる。まだなら卵を足す。

6 丸口金をつけた絞り出し袋に入れ、オーブンシートを敷いた天板に間隔をあけて絞り出す。大きさの目安は直径2.5cm程度。

7 フォークの背で軽く押さえる。**5**で残った卵をつけるとよい。

8 190℃のオーブンで15分ほど焼き、膨らんできたら180℃に下げて15〜20分、割れ目にもしっかり焼き色がつくまで焼く。

6

おいしさの基本

パート・ブリゼ（ブリゼ生地）

パート・ブリゼは練りパイ生地の一種で、軽やかな食感が特徴。
おつまみパイ(p.118)、キッシュ(p.120)、タルトレット(p.122)など、
さまざまなオードブルに使えて便利です。ここではフードプロセッサーを使った
簡単レシピを紹介。すぐに使わない分は冷蔵庫で2日、冷凍庫で3週間ほど保存可。

材料／18cmのタルト型2台分

薄力粉　200g

バター（食塩不使用）　100g

卵黄　1個分

グラニュー糖　10g

塩　3g

1 バターは2cm角に切って冷やしておく。フードプロセッサーに薄力粉、グラニュー糖、塩を入れる。

2 攪拌してざっと混ぜ合わせる。

3 1のバターを加える。冷やしておいたバターを使うこと。

4 さらに攪拌してバターを混ぜる。

5 細かいそぼろ状になったら止める。

6 卵黄と冷水約50mℓを混ぜ合わせ、少しずつ加える。

7 全体にまとまるまで攪拌する。
※卵液があまる場合もある。

8 とり出して適当な厚さに整えてラップで包み、冷蔵庫で1時間以上休ませる。

オードブルに添えたいパン

オードブルは前菜でもあり、おつまみでもあり、
お酒に合うように塩味やスパイスを効かせた料理、冷めたくしてもおいしく感じる
味のはっきりとした料理が多くなります。そんなオードブルを盛り立ててくれるのがパン。
しっかりとした味わいや歯応えがあるものが合います。

バゲット

フランスパンの代表格。パリッとした皮とシンプルな味わいが特徴。店によって長さ、太さ、クープ(切り目)の数などさまざまで、スライスして使うのが一般的。

パン・ド・カンパーニュ、プチカンパーニュ

基本的に天然酵母を用い、全粒粉やライ麦粉を使った田舎パンが、パン・ド・カンパーニュ(写真左)。しっとりとした食感、ほのかな酸味が特徴。手のひらサイズのものがプチカンパーニュ(写真右)。

パン・オ・ノワ

クルミを練り込んだパン。クルミの香ばしさと食感がアクセント。プレーン生地のパンの次にラインナップに加えても。

サワーブレッド

ライ麦や小麦ふすまなどが入った、さわやかな酸味のパン。肉料理と相性がいい。

クラッカー

6角形の形をしたオリーブオイル＆シーソルトクラッカー(写真左)・長方形のミニクロッカンティーニ(写真右)。どちらもごく薄くてシンプルな味なので上にのせる具を選ばない。厚めのクラッカーや甘みや塩気が効きすぎているものはNG。

タラーリ

南イタリアの伝統的なかた焼きパン。オリーブオイルと白ワインを生地に練り込んだシンプルな塩味で、ドーナツ状が特徴。サクッとした食感でビスケットのような感じ。

カーラントローフ、プンパニッケル

カーラントローフは小粒レーズンがたっぷりと入ったライ麦パン(写真上)。プンパニッケルは長時間蒸し焼きにしているので、なめらかでマイルドな風味。カナッペ向き。ドイツパンの代表格(写真下)。

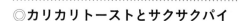

◎カリカリトーストとサクサクパイ

メルバトースト

バゲットを1cm以下の厚さの薄切りにし、オーブンシートを敷いた天板に並べ、少しおいて両面を乾燥させる。180℃のオーブンできつね色になるまで焼く。

ガーリックトースト

にんにく大1½かけを半分に切って芽をとり、薄切りにする。オリーブオイル½カップとともにフライパンに入れ、にんにくがカリッとしてオイルに香りが移るまで炒める。オイルごとバットに移し、1cm厚さに切ったバゲットを入れて浸し、それをカリッとするまでトーストする。

チーズとこしょうのおつまみパイ、ココナッツとスパイスのおつまみパイ

材料と作り方は p.118 参照。

オードブルにしたいチーズ

8

おいしさの基本

ナッツやフルーツと組み合わせたり、野菜やシーフードと一緒に調理したり……と
オードブルには欠かせないチーズですが、
好みのナチュラルチーズを切ってパンと一緒に供するだけでも
宴のスターター、食前酒のお供になります。

トム・ド・サヴォワ

フランス・サヴォワ地方のセミハードチーズ。強めに圧力をかけるため、比較的かため。原料は牛乳。ハードチーズに分類されることもある。ナッツのような風味があるのが特徴。

＊セミハードチーズ……カード（凝乳）をプレスして水分の量を減らしたり除去したりして作るチーズ。

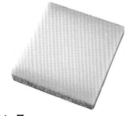

コンテ

フランス東部コンテ地方のハードチーズ。水分が少ないのでうまみがギュッと詰まっている。熟成するにつれてコクとうまみが強くなる。

＊ハードチーズ……カードをセミハードチーズよりもさらに強くプレスして作るので、さらにかため。熟成期間は長く、ゆっくりと熟成させる。

ミモレット

オランダ原産、現在はフランスの北部で作られているハードチーズ。鮮やかなオレンジ色が特徴。熟成されたものはからすみに似た風味をもつ。

カマンベール

もともとはフランス・ノルマンディー地方の白カビチーズで、原料は牛乳。熟成がすすんだものはとろりとしていてうまみがある。

＊白カビチーズ……表面に植えつけた白カビが内側に向かって熟成したチーズ。熟成するタイプなので、刻々と変わる風味が楽しめるのが魅力。

ブリア・サヴァラン

『美味礼讃』の著作で知られるフランスの美食家にちなんで命名されたフレッシュチーズ。外皮は真っ白、脂肪分が多くリッチでまろやかな味わい、上品なコクが魅力。

ゴルゴンゾーラ・ピカンテ

イタリアのロンバルディア州ゴルゴンゾーラ村で作られる青カビチーズで、原料は牛乳。濃厚でありながら比較的食べやすいのが魅力。

＊青カビチーズ（ブルーチーズ）……牛乳や羊乳を原料にして作ったチーズに青カビを繁殖させるチーズ。チーズの表面でなく内側に青カビを植えつけて熟成させる。

マンステール

フランス・アルザス地方のウォッシュチーズ。熟成した表皮はオレンジ色、中身はクリーミー。香りは個性的だが、味はマイルド。

＊ウォッシュチーズ……「リネンス菌」と呼ばれる特殊な細菌をチーズの外側に植えつけて内側に向かって熟成させていくチーズ。熟成期間が長くなると表皮は茶褐色に変化し、より濃厚で独特の風味となる。

タレッジョ

イタリア・ロンバルディア地方のタレッジョ渓谷が原産のウォッシュチーズ。ねっとりとしていてマイルド。

リゴット・ド・コンドリュ

フランスのローヌ地方、コンドリュー地区で作られているシェーブルチーズ。シェーブルチーズの中では酸味は控えめで、熟成がすすむにつれてもっちりと粘りが出てくる。

＊シェーブルチーズ……山羊の生乳で作られるチーズ。牛の生乳で作るチーズよりその歴史は古く、チーズの元祖ともいえる。

9

おいしさの基本

オードブルの演出—器

お酒に合う、しゃれた味わいのものを、
少量ずつ何種類か楽しむのがオードブルの醍醐味。
見慣れた料理であっても、盛りつけと器次第で
おいしさが違って見えて、オードブル感が増します。
ここではこの本で用いた、ちょっとした工夫を紹介。

ガラスの器

冷製料理が多いオードブルには、光が透けて涼しげなガラスの器がよく合う。テリーヌやムース、ソースのないサラダなどは平皿に、平皿ではすくいにくい料理やソースのある料理はグラスに。存在感はあるけれど、決して料理の邪魔をしないのがガラス器の魅力。

デミタスカップ

デミはフランス語で半分の意味で、デミタスカップは半分の容量のカップ。コーヒーで使われることが多いが、体を温め、口を潤すためでもあるオードブルとしてのスープにも最適。持ち手つきだとスプーンを用意する必要もない。

取り分け皿と小さめフォーク

大皿に盛った取り分けるスタイルの料理に欠かせないのが、人数分の取り皿とフォーク。オードブルはボリュームのある料理があまりないので、ディナー皿より小さめの平皿とフォークを。どんな料理を盛ってもそれなりに映えるプレーンな皿や白皿がおすすめ。

ココット

サイズや形はさまざまだが、盛りつけに重宝するのがココット。たとえば、フライやサラダに前もってソースやドレッシングをかけたくないとき、盛りつけて時間が経つと汁気が出てきそうなペーストやディップ、大皿の中を整理して盛りつけたいときに。

レースペーパー

レースペーパーはレースのように見える敷き紙なので、サンドイッチやパイなどの下に敷くとそれだけで華やかに見えるのが魅力。器と下皿の間にかませるとおもてなし風。揚げものの油を吸ってくれたり、グラスの水滴を吸ってくれるという実用性もある。形や大きさ、レースの模様はさまざまなので、好みのものを。

セルクル

セルクルは円形の型（枠）のこと。ケーキやクッキーなどの洋菓子作りによく使う道具ですが、このセルクルを皿の上においてライスサラダやポテトサラダ、タブレなどを詰め、セルクルを抜けば、円形のサラダに仕上がります。この本ではポワローのサラダ(p.44)、タブレ(p.58)、まぐろのタルタル(p.69)で使っています。

オードブルの演出―大皿

おなじみの料理でも大きな器やプレートに盛りつけると、
それだけで豪華に見えるから不思議。大皿に盛りつけるポイントは、
誰からもとりやすいように正面をはっきり決めずに配置すること、
ダイナミックに盛りつけること。

シルバーの大皿

銀、銀メッキ、ピューター（主成分はスズ）製などの大皿は、質感や光り方に違いはあるが、いずれもシンプルで縁のレリーフがきれいで、オードブルを盛りつけると華やかでダイナミックに見えるのが魅力。楕円形、四角形、丸型などがある。トレー代わりにもなる。

◎たとえば……

（写真左）p.30　ひと口サンド 3 種
（写真右上）p.114　たこのアヒージョ
（写真右下）p.117　チキンスティックフライ

白色の大皿

ディナー皿やとり分け皿と同様、白色の大皿は盛りつける料理を選ばないのが魅力。特に底が平らなプレートや、リム（皿の縁に帯状の一段上がったヘリの部分）が少ないトレータイプのものはいろいろに使えるので 1 枚あると便利。

◎たとえば……

（写真左上）
p.14　クラッカーのカナッペ 3 種
（写真右上）
p.118　おつまみパイ 2 種
（写真左下）
p.120　キッシュ・ロレーヌ

カクテルピック

とり分けスタイルのオードブルには、カクテルピックを添えておくと誰もが気軽に手をのばすことができる。何度でも使い回せるステンレス製、使い捨てできる竹製など好みで。実用性だけでなく、オードブルの演出、盛りつけのアクセントにもなる。

◎たとえば……

（写真左）p.18　プルーンとピスタチオバター
（写真右）p.100　スパニッシュオムレツ

ハムとジャムのカナッペ

塩気の効いたハムとジャムは、思いのほかよく合います。
プラム、マーマレードなど少し酸味のあるものがおすすめ。

材料／4〜5人分
ロースハム(薄切り)　3枚
プルーンジャム　適量
クラッカー(プレーンなタイプ)　5枚

1　ロースハムは4等分くらいに切る。
2　クラッカーにロースハムを折りたたんでのせ、ジャムをのせる。

ツナペーストのカナッペ

いつものツナがオードブル仕様にバージョンアップ。
I缶で作って冷蔵庫に入れておくと、すぐに食べられて便利。

材料／4〜5人分
ツナペースト(作りやすい分量)
　ツナ缶　小I缶
　アンチョビー　2枚
　ケイパー(塩漬け)　大さじI
　オリーブオイル　大さじI½
　カッテージチーズ(裏漉しタイプ)
　　大さじ2
　レモンの搾り汁、レモンの皮の
　　すりおろし　各½個分
クラッカー(プレーンなタイプ)　5枚
スタッフドオリーブ　適量
ディル　少々

1　ケイパーは水につけてほどよく塩抜きする。ツナペーストの材料をフードプロセッサーに入れて撹拌し、ペースト状にする。
2　クラッカーに1をのせ、輪切りにしたスタッフドオリーブとディルを飾る。

練りうにバターのカナッペ

練りうには日本酒向きと思われがちですが、
バターとシブレットを組み合わせると白ワインにぴったり。

材料／4〜5人分
練りうに(瓶詰)　大さじI
バター(食塩不使用)　大さじ4
クラッカー(プレーンなタイプ)　5枚
シブレットの小口切り　少々

1　バターは室温でやわらかくし、練りうにを加えて混ぜる。
2　クラッカーに1をのせ、シブレットを散らす。

クラッカーのカナッペ3種

ハムとジャムのカナッペ　　ツナペーストのカナッペ　　練りうにバターのカナッペ

オイルサーディンのカナッペ

さっと焼いたオイルサーディンにビネガーとしょうゆの香り。
ドライトマトの濃厚な味も加わって、
小さいながらも食べ応えがあります。

材料／5〜6人分
オイルサーディン(缶詰)　6尾
オリーブオイル　少々
赤ワインビネガー　大さじ1
しょうゆ　小さじ1
塩、黒こしょう　各少々
紫玉ねぎの薄切り　少々
イタリアンパセリ　少々
ドライトマトのオイル漬け　少々
黒パン(薄切り)　2枚
レモンバター(作りやすい分量)
　バター(食塩不使用)　30g
　レモンの搾り汁　小さじ2
　レモンの皮のすりおろし
　　　¼個分

1　オイルサーディンは油をきり、オリーブオイルを熱したフライパンで両面さっと焼き、赤ワインビネガー、しょうゆを回し入れて味をからめる。
2　紫玉ねぎの薄切り、イタリアンパセリ、ドライトマトのオイル漬けはパンにのせやすい大きさに切る。
3　レモンバターのバターを室温でやわらかくし、レモンの搾り汁、レモンの皮を混ぜる。
4　黒パンを半分に切って3をぬり、1をのせて塩、こしょうをふり、2をのせる。

きのこペーストと
サワークリームのカナッペ

2種類のきのこ、にんにく、アンチョビーで作った
自家製ペーストが美味。酸味のある黒パン、
コクのあるサワークリームで、最強のトリオです。

材料／5〜6人分
きのこペースト(作りやすい分量)
　しいたけ　6枚
　マッシュルーム　4個
　にんにく　1かけ
　アンチョビー　20g
　塩、黒こしょう　各少々
　オリーブオイル　大さじ2
黒パン(薄切り)　2枚
サワークリーム　適量
粗びき黒こしょう　少々

1　しいたけ、マッシュルームは汚れがあれば刷毛で払い落とす。フードプロセッサーに入れ、にんにくとアンチョビーを加えて攪拌し、みじん切りにする。
2　フライパンにオリーブオイルを熱して1を入れ、しっとりするまで炒め、塩とこしょうで味を調える。
3　黒パンを半分に切り、サワークリームと2をのせ、こしょうをふる。

黒パンのカナッペ2種

オイルサーディンのカナッペ

きのこペーストと
サワークリームのカナッペ

17

16 干しいちじくと バター

ドライフルーツは小さいながらも
味がギュッと詰まっていて、
バターととり合わせると
立派なおつまみになります。

17 プルーンと ピスタチオバター

香ばしさと濃厚なまろやかさのある
ピスタチオバターを
酸味のあるプルーンにたっぷり
詰めると、リッチな味わい。

材料／4〜5人分
ドライいちじく　5個
バター（食塩不使用）　25g

1　ドライいちじくは横半分に切る。バターはドライ
いちじくと同じくらいの大きさに厚めに切る。
2　ドライいちじくにバターをはさみ、ラップをして
冷蔵庫でしっかりと冷やし、半分に切る。

材料／作りやすい分量
ドライプルーン（種抜き）　12個
バター（食塩不使用）　50g
ピスタチオ（皮なし。ローストしたもの）　正味20g

＊ピスタチオのロースト……150℃のオーブンで20分ほどローストする。

1　バターは室温でやわらかくし、ピスタチオを細か
く刻んで混ぜる。
2　ドライプルーンに切り込みを入れて**1**を詰め、ラ
ップをして冷蔵庫でしっかりと冷やし、半分に切る。

18

レーズン2種で作る ラムレーズンバター

色と味わいが違うグリーンレーズンとサルタナレーズンを使った
自家製レーズンバター。
粗塩をちょっとふるとぐっとおいしくなります。

材料／4～5人分
バター(食塩不使用)　100g
グリーンレーズン、
　サルタナレーズン
　合わせて40g
ラム酒　小さじ2
粗塩　少々

1　バターは室温でやわらかく
し、グリーンレーズン、サルタナ
レーズン、ラム酒を混ぜる。
2　筒形に成形し、オーブンシー
トで包んで両端をねじり(写真)、
冷蔵庫でしっかりと冷やす。
3　オーブンシートを除いて表面
に粗塩をさっとつけ、切り分けて
氷を入れた器に盛り、粗塩をふる。

ブッラータとゴールドキウイ

ナイフを入れるとクリーム状の中身が
とろりとあふれ出すブッラータを、
フルーティーなフルーツとハーブの香りを添えていただきます。

材料／4人分
ブッラータチーズ　4個
ゴールドキウイ　2個
オリーブオイル　適量
塩　少々
ライムの搾り汁　½個分
ライムの皮のすりおろし　½個分
ミント　適量

1　ゴールドキウイは薄切りにして皮をむく。
2　器に **1** とブッラータを盛り、オリーブオイル、塩、ライムの搾り汁、ライムの皮をふり、ミントを添える。

20

ロックフォールとクルミ、りんご

独特の味と匂いのあるブルーチーズは、
ナッツやはちみつと好相性。りんごをごく薄く切って
一緒にいただくと、さらにおいしさが増します。

材料／4〜5人分
ロックフォールチーズ　40 g
クルミ（ローストしたもの*）　適量
りんご　1個
レモンの搾り汁　少々
はちみつ　適量
粗びき黒こしょう　少々

＊クルミのロースト……150℃のオーブンで
20分ほどローストする。

1　ロックフォールは手でほぐ
し、クルミは粗く刻む。
2　りんごは4つ割りにして芯の
部分を切り落とし、皮つきのまま
ごく薄く切る。
3　器にロックフォール、りんご
を少しずらしながら盛り、りんご
にレモンの搾り汁をかける。クル
ミを散らしてはちみつをかけ、こ
しょうをふる。

21

マスカットと
ミニモッツァレラのサラダ

同じくらいの大きさのぶどうとミニモッツァレラをとり合わせた、
おつまみサラダ。
ホワイトバルサミコ酢がなければ、普通のバルサミコ酢でも。

材料／3〜4人分
マスカット　15粒くらい
ミニモッツァレラチーズ　10個
塩　小さじ½
オリーブオイル　大さじ2
ホワイトバルサミコ酢
　小さじ1½
バジル　10枚

1　ボウルにマスカットとミニモッツァレラチーズを入れ、塩、オリーブオイル、ホワイトバルサミコ酢、ちぎったバジルを加えてあえる。
2　器に盛り、1のボウルに残ったドレッシングをかけ、粗塩(分量外)をふる。

アボカドとコーンのサラダ

香菜とカイエンペッパー、ライムがアクセント。
生のとうもろこしが出回る時期は
生のまま使うのがおすすめです。

材料／4人分
アボカド　1個
とうもろこし　1本
ライムの搾り汁　小さじ1½
オリーブオイル　大さじ2
塩　小さじ½
香菜の粗みじん切り　2本分
カイエンペッパー　少々

1　アボカドは縦にぐるりと包丁を入れて半割りにし、種と皮をとり除き、1.5〜2cm角に切る。
2　とうもろこしは芯に沿って包丁を入れて実をはずし、バラバラにする。
3　ボウルに 1 と 2 を入れ、ライムの搾り汁、オリーブオイル、塩、香菜を加えてあえる。
4　器に盛り、カイエンペッパーをふる。

いちごとハーブのサラダ

23

中まで赤い春のいちごをハーブの香りとともに楽しむひと皿。
ハーブは穂先のやわらかい部分を使うと
口当たりがよくなります。

材料／4人分
いちご　20粒
オリーブオイル　大さじ1⅓
ホワイトバルサミコ酢　小さじ2
粗塩　少々
セルフィーユ、ディル、
　エストラゴン　各適量

1　いちごはヘタをとって縦半分
に切り、ボウルに入れ、オリーブ
オイル、ホワイトバルサミコ酢、
粗塩を入れてあえる。
2　セルフィーユ、ディル、エス
トラゴンは葉先を摘む。
3　器に**1**を盛り、**2**をふんわり
とのせる。

24

いちじくと生ハムのサラダ

生ハムはフルーツとよく合いますが、
いちじくとの相性も二重丸。
それぞれのおいしさも楽しみたいので、シンプルな盛りつけに。

材料／4〜5人分
いちじく　2〜3個
生ハム　適量
塩　少々
黒こしょう　適量
オリーブオイル　大さじ1
ホワイトバルサミコ酢　少々
メープルシロップ　大さじ1

1　いちじくは上¼くらいの部分を横に切る。生ハムは食べやすい大きさに切る。
2　ボウルに塩、こしょう、オリーブオイル、ホワイトバルサミコ酢、メープルシロップを入れて混ぜ合わせる。
3　器にいちじくをおき、切った部分を添える。いちじくの上に2を適量かけ、生ハムを山高にのせ、残りの2をかける。

白桃のマリネ

桃の季節に作る、桃を愛でるためのオードブル。
スパイスがほのかに香るシロップで、華やかに仕上げます。

材料／4人分
白桃　小さめ2個
レモンの搾り汁　少々
フランボワーズ　20粒
シロップ
　白ワイン　½カップ
　はちみつ　大さじ3
　オールスパイス(ホール)
　　5〜6粒
　黒粒こしょう　10粒
オリーブオイル、粗塩　各少々
セルフィーユ　適量

1　白桃は割れ目に切り目を入れ、熱湯にさっと入れて氷水にとり、湯むきをする。種をよけて半分に切り、保存容器などに並べ、レモンの搾り汁をかける。
2　シロップの材料を鍋に入れて弱火でゆっくりと沸騰させ、熱いうちに1にかけ、粗熱がとれたら冷蔵庫で冷やす。
3　器に盛ってフランボワーズをのせる。オリーブオイルを回しかけ、粗塩をふり、セルフィーユを飾る。

26

メロンのマリネ

くり抜き器で丸い形にしたメロンは愛らしくて食べやすく、
おもてなし向き。メロンの香りが移ったシロップも美味です。

材料／作りやすい分量
メロン　1個
シロップ
　水　½カップ
　グラニュー糖　40g
　マデイラ酒またはポルト酒
　　小さじ2
マデイラ酒　少々
ミント　適量

1　メロンは種をとってくり抜き器で丸くくり抜き、バットに入れる。

2　シロップの水、グラニュー糖を鍋に入れて火にかけ、沸騰したら火を止めてマデイラ酒を加える。**1**のメロンにかけ、粗熱がとれたら冷蔵庫で冷やす。

3　シロップごと器に盛り、マデイラ酒をふって香りを立たせ、ミントを添える。

イクラとサワークリームのブリニ

ブリニはそば粉入りの甘くないパンケーキ。
ブリニの生地は焼いてから冷凍できるので、
まとめて作っておくと便利。

材料／8枚分
サワークリーム　60g
イクラ(塩漬け)　60g
シブレットの小口切り　少々
ブリニ(約30枚分)
　水　250mℓ
　牛乳　75mℓ
　ドライイースト　小さじ½
　塩　小さじ½
　砂糖　小さじ1
　薄力粉　125g
　そば粉　125g
　溶かしバター(食塩不使用)　20g
　卵黄　2個分

メレンゲ
　卵白　2個分
　塩　ひとつまみ
　バター(食塩不使用)　適量

1　ブリニを作る。鍋に水と牛乳を入れて40℃くらいに温める。ボウルに移し、ドライイースト、塩、砂糖を加えてぐるぐると混ぜ(写真a)、温かいところに30分ほどおく。
2　1にふるった薄力粉、そば粉を加えて混ぜ、卵黄、溶かしバターを加えて混ぜ合わせる(写真b)。

3　別のボウルに卵白と塩を入れてしっかりと泡立ててメレンゲを作り、2に⅓量を加えて混ぜる(写真c)。残りのメレンゲを加えてさっくりと混ぜ合わせる。
4　フライパンにバターを薄くぬって火にかけ、いったんぬれ布巾の上で冷ましてから3を直径2〜3cmに流し入れ(写真d)、表面がプツプツとしてきたら裏返し、両面焼く。乾いた布巾にとって保温し、すべて同様に焼く。
5　ブリニ8枚にサワークリームをぬってイクラをのせ、シブレットをふる。

a

b

c

d

スモークサーモンと
レモンバターのブリニ

サワークリームのほか、レモンバターもおすすめ。
ほどよい酸味とシーフードのとり合わせが、ブリニによく合います。

材料／8枚分
スモークサーモン　100g
レモンバター(作りやすい分量)
　バター(食塩不使用)　40g
　レモンの搾り汁　小さじ1
　レモンの皮のすりおろし　½個分
ブリニ(上記参照)　8枚
レモンの薄切り　2枚
ケイパー、ディル　各少々

1　レモンバターを作る。バターを室温でやわらかくし、レモンの搾り汁、レモンの皮を混ぜる。
2　ブリニにレモンバターをぬってスモークサーモンをのせ、4等分に切ったレモン、ディル、ケイパーを添える。

ブリニ2種

イクラと
サワークリームのブリニ

スモークサーモンと
レモンバターのブリニ

きゅうりとディルバターの
ひと口サンド

きゅうりと相性のよいディルを使ったバターが
味の決め手。きゅうりはごく薄くが鉄則です。

材料／6人分
きゅうり　1½本
白ワインビネガー　大さじ1
ディルバター
　バター（食塩不使用）　30g
　ディルのみじん切り　2本分
食パン（12枚切り）　4枚
塩　少々

1　ディルバターを作る。バターを室温でやわらかくし、ディルを混ぜる。
2　きゅうりはパンの幅に合わせて切り、縦にごく薄く切る。バットに並べ、白ワインビネガーをふって15分ほどおき、ペーパータオルで汁気をとる。

3　パンを2枚1組にし、片面に**1**をぬり、きゅうりをすき間なく並べてはさむ。耳を切り落とし、6等分に切り、仕上げに塩をふる。同様にもう1組作る。

ローストビーフと
レモンバターのひと口サンド

ローストビーフは市販のもの、でもレモンバターを
手作りすればオリジナルのおいしさに。

材料／6人分
ローストビーフ　80g
レモンバター（p.16参照）　適量
ホースラディッシュマヨネーズ
　（作りやすい分量）
　ホースラディッシュの
　　すりおろし　小さじ1
　マヨネーズ　小さじ4

食パン（12枚切り。白、黒）　各2枚
カットレモン　適量

1　ホースラディッシュマヨネーズの分量は混ぜ合わせる。
2　パンを2枚1組にし、1枚の片面にレモンバターをぬり、もう1枚の片面にホースラディッシュ

マヨネーズをぬる。ローストビーフをすき間なくのせてはさむ。
3　耳を切り落とし、6等分に切る。同様にもう1組作り、カットレモンを添える。

たらこクリームのひと口サンド

生のたらこを使った、オードブルサンドイッチ。
カッテージチーズの代わりにクリームチーズでも。

材料／4〜5人分
たらこクリーム
　たらこ　1腹（60g）
　レモンの搾り汁　½個分
　レモンの皮のすりおろし　½個分
　カッテージチーズ（裏漉しタイプ）
　　40g
食パン（12枚切り）　4枚
ディル　適量

1　たらこクリームを作る。たらこは薄皮をとり除き、レモンの搾り汁、レモンの皮、カッテージチーズと混ぜ合わせる。
2　パンを2枚1組にし、たらこクリームをパンの端まできれいにぬる。耳を切り落とし、6等分に切る。同様にもう1組作り、ディルを添える。

ひと口サンド3種

きゅうりとディルバターの
ひと口サンド

ローストビーフと
レモンバターのひと口サンド

たらこクリームのひと口サンド

32

ガスパチョ

焼きパプリカと完熟トマト、
バゲットを使った、なめらかタイプのガスパチョ。
パプリカパウダーで色をつけると華やか。
冷蔵庫でよく冷やすと口当たりのよい冷製オードブルになります。

材料／作りやすい分量
パプリカ(赤)　2個
トマト(完熟)　大3個
バゲット　8cm
パプリカパウダー　小さじ1
にんにく　少々
オリーブオイル　大さじ6
塩　小さじ1
赤ワインビネガー　小さじ1
薬味
　セロリ　½本
　きゅうり　½本
　ミニトマト　2個
　オリーブオイル　大さじ2
　塩、レモンの搾り汁　各少々

1　パプリカはヘタをとってオーブントースターまたはグリルで皮が真っ黒に焦げるまで焼く。少し蒸らして皮をむき(写真a)、種をとって手でさく。トマトはヘタをとって適当な大きさに切る。

2　バゲットは1cm厚さに切り、水適量で湿らす。水気を絞り、パプリカパウダーを加えて混ぜる(写真b)。

3　ミキサーに1のパプリカとトマト、2、にんにく、オリーブオイルの半量を入れ(写真c)、水¾カップを加えてミキサーで撹拌する。

4　さらに水¾カップ、残りのオリーブオイルを加えて撹拌してなめらかにする。塩、赤ワインビネガーで味を調える。ボウルに移して冷蔵庫で冷やす。

5　薬味のセロリ、きゅうり、ミニトマトは5mm角に切り、オリーブオイル、塩、レモンの搾り汁を加えてあえる。

6　器にスープを注ぎ入れ、薬味をのせる。

a

b

c

33

新玉ねぎの冷製ポタージュ

甘みがあってやわらかい新玉ねぎで作る、
クリーミーな味わいのシンプルなスープです。

材料／作りやすい分量
新玉ねぎ　2個
バター（食塩不使用）　30g
塩　適量
グリーンピース（ゆでたもの）　適量

1　新玉ねぎは薄切りにする。鍋にバター、塩ひとつまみ、水¾カップを入れて火にかけ、沸騰してきたらふたをして弱火にし、15分ほど蒸し煮にする。

2　出てきた水分ごとすべてミキサーに入れて攪拌してなめらかにする。塩で味を調える。ボウルに移して粗熱をとり、冷蔵庫で冷やす。

3　2に冷水½カップを加えてのばし、器に注ぎ入れ、グリーンピースを添える。

 【 冷製オードブル 】

34

桃とヨーグルトの冷製スープ

香りのよい桃で作るフルーティーなスープ。
ていねいにとったチキンブイヨンを使うと、
スープとしての価値が上がります。

材料／作りやすい分量
白桃　大1個
ヨーグルト(無糖)　½カップ
レモンの搾り汁　大さじ1
はちみつ　小さじ1
チキンブイヨン(p.6参照。冷たいもの)
　60ml
塩　小さじ⅓
ミント　少々

1　桃は皮をむいてひと口大に切る。
2　ミキサーに飾り用を少し残して白桃を入れ、ヨーグルト、レモンの搾り汁、はちみつ、チキンブイヨンを加え、攪拌してなめらかにする。塩で味を調え、ボウルに移して冷蔵庫で冷やす。
3　器にスープを注ぎ入れ、残しておいた桃を刻んでのせ、ミントを飾る。

ドレスドエッグ

ゆで卵を飾り切りにしてフィリングを絞り出すと、よそゆきに。
塩気のきいたイクラをのせて、オードブルに仕立てます。

材料／4人分
卵　2個
マヨネーズ　大さじ2
塩、こしょう　各少々
イクラ（塩漬け）　適量
セルフィーユ　少々

1　卵は沸騰した湯に入れて12分ほどゆでてかたゆでにし、水にとり、殻をむく。
2　白身がギザギザになるようにナイフを入れて半分に切り、黄身はとり出しボウルに入れ、フォークでていねいにつぶし、マヨネーズ、塩、こしょうを加えて混ぜ合わせる。
3　2を星口金をつけた絞り出し袋に入れ、2の卵の白身に詰めるようにして絞り出す。イクラとセルフィーユをのせる。

　【 冷製オードブル 】

ウフマヨネーズ

36

ウフはフランス語で卵。
ゆで卵とマヨネーズで作る
定番の前菜ですが、
マヨネーズを手作りすると
自慢の一品に。

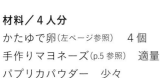

材料／4人分
かたゆで卵(左ページ参照)　4個
手作りマヨネーズ(p.5参照)　適量
パプリカパウダー　少々

1　かたゆで卵を縦半分に切って器に盛り、マヨネーズをスプーンですくってのせ、パプリカパウダーをふる。

うずら卵の
ソースマリネ

37

スパイスが混合されている
ウスターソースを活用。
ピクルスともしょうゆ漬けとも違う、
懐かしいおいしさです。

材料／4〜5人分
うずらの卵　10個
ウスターソース　½カップ
米酢　¼カップ
白ワイン　小さじI

1　うずら卵は沸騰した湯に入れて8分ほどゆでてかたゆでにし、水にとり、殻をむく。
2　保存容器に入れ、ウスターソース、米酢、白ワインを混ぜ合わせて加え、I日漬けて味をなじませる。

マッシュポテトサラダ

ポテトサラダをオードブル向きに大胆にアレンジ。
じゃがいもはマッシュポテトにし、野菜は細かく切り、
ちょっと豪華にかに入り。ドレッシングは玉ねぎ入り。
具をじゃがいもに混ぜずに盛りつけます。
一緒に口の中に入れると、ポテトサラダの味わい。

材料／作りやすい分量
マッシュポテト
　じゃがいも　2個
　バター（食塩不使用）　大さじ1
　牛乳　大さじ2
　マヨネーズ　大さじ3
　塩　少々
ゆで卵（かたゆで）　1個
きゅうり　½本
セロリ　¼本
かに缶　40g
玉ねぎ　⅛個
米酢　小さじ2
塩　小さじ⅓
サラダ油　大さじ3
オリーブオイル　小さじ1
ディル、パプリカパウダー
　各適量

1　マッシュポテトを作る。じゃがいもは皮つきのまま水からゆで、やわらかくなったらとり出して熱いうちに皮をむく。鍋に戻してつぶし、バターと牛乳を加えて混ぜる（写真a）。

2　1を裏漉しし（写真b）、マヨネーズを加えてあえ、塩で軽く味を調える。

3　ゆで卵は黄身と白身に分けてそれぞれ裏漉す。

4　きゅうり、セロリは5mm角に切る。かに缶はほぐす。

5　玉ねぎをできるだけ細かいみじん切りにしてボウルに入れ、米酢、塩を入れて混ぜ、サラダ油とオリーブオイルを加えて混ぜ合わせる。きゅうり、セロリ、かにを加えてあえる（写真c）。

6　器に5を平らに盛って卵を散らし、マッシュポテトをスプーン2本で形を整え（写真d）、上にのせる。ディルを添え、パプリカパウダーをふる。

a

b

c

d

　【 冷製オードブル 】

グリーンピースとそら豆の
ミモザサラダ

緑の豆と卵で作る春のサラダ。ペコリーノチーズをのせると
味や香りのアクセントになり、オードブル感が出ます。

材料／4〜5人分
グリーンピース(さやから出したもの)
　120g
そら豆(さやから出したもの)　240g
ゆで卵　1個
ミント(葉のみ)　15枚くらい
オリーブオイル　大さじ2
粗塩　小さじ½
ホワイトバルサミコ酢　小さじ2
ペコリーノチーズ　適量

1　グリーンピースは塩少々(分量
外)を入れた熱湯で2〜3分ゆで、
ゆで汁の中で冷ます。そら豆は薄
皮ごと塩少々(分量外)を入れた熱湯
で2分ほどゆで、薄皮をむく。
2　ゆで卵は黄身と白身に分けて
それぞれ裏漉し(写真)、ちぎった
ミントと合わせる。
3　ボウルに**1**を入れ、オリーブ
オイル、粗塩を加えてざっと混ぜ、
ホワイトバルサミコ酢を加えてざ
っくりとあえる。
4　器に盛り、**2**をたっぷりとの
せ、おろしたペコリーノチーズを
のせる。

ホワイトアスパラガスの
オランデーズソース

旬のおいしさを味わうためのとっておきは
バターと卵黄で作るオランデーズソースとの組み合わせ。

材料／8人分
ホワイトアスパラガス　8本
オランデーズソース(作りやすい分量)
　バター(食塩不使用)　160g
　卵黄　2個分
　水　大さじ4
　レモンの搾り汁　大さじ2
　塩　少々

1　アスパラガスは根元に近いかたい部分を切り落とし、穂先を残してピーラーで皮をむく。皮は捨てずにとっておく。
2　鍋にアスパラガスが浸るくらいの水を入れ、アスパラガスの皮、塩を加えて火にかけ、沸騰したらアスパラガスを入れて15分ほど弱火でゆでる。全体が透き通ったら火を止め、ゆで汁の中で冷ます。
3　オランデーズソースを作る。バターは湯煎で溶かす。ボウルに卵黄と分量の水を入れ、湯煎にかけながらもったりとするまで泡立て、溶かしバターを加えながらさ

らに泡立てる(写真)。レモンの搾り汁、塩で味を調える。
4　器にアスパラガスを盛り、オランデーズソースをかける。

さやいんげんの
玉ねぎドレッシング

さやいんげんは縦半分に切ると味がよくからみます。
ドレッシングは、オイルを加える前の段階で
冷蔵庫で1日おくと、さらにおいしい！

材料／4〜5人分
さやいんげん　250g
玉ねぎドレッシング(作りやすい分量)
　フレンチマスタード　小さじ2
　玉ねぎのみじん切り　¼個分
　にんにくのすりおろし　少々
　白こしょう　少々
　砂糖　ひとつまみ
　米酢　大さじ2
　サラダ油　大さじ6
　オリーブオイル　大さじ1

1　玉ねぎドレッシングを作る。ボウルにフレンチマスタード、玉ねぎ、にんにくを入れ、こしょう、砂糖、酢を加えてよく混ぜる。
2　1にサラダ油とオリーブオイルを少しずつ加えて混ぜ、とろりとしたドレッシングにする。
3　さやいんげんは塩少々(分量外)を加えた湯でゆで、縦半分に切ってから斜め切りにする。玉ねぎドレッシング適量であえる。

セロリアックの
レムラードソース

セロリアックはセロリに似た香りで心地よい歯ごたえが魅力。
フランスのクラシックなソースである
レムラードソースがよく合います。

材料／4人分
セロリアック　¼株(約200g)
レモンの搾り汁　⅓個分
レムラードソース(作りやすい分量)
　卵黄　1個分
　フレンチマスタード　小さじ2
　赤ワインビネガー　大さじ⅔
　塩　小さじ½
　白こしょう　少々
　サラダ油　¼カップ
　オリーブオイル　大さじ2
　砂糖　小さじ⅓
パセリのみじん切り　大さじ2

1　セロリアックは皮をむき、ス
ライサーなどで薄切りにしてから
せん切りにし、ボウルに入れ、レ
モンの搾り汁をまぶす。
2　レムラードソースを作る。ボ
ウルに卵黄を入れてほぐし、マス
タード、赤ワインビネガー、塩、
こしょうを加えてよく混ぜ合わせ
る。サラダ油とオリーブオイルを
少しずつ加え、マヨネーズ状に乳
化させ、砂糖を混ぜる。
3　1にレムラードスソース適量
を加えて手でしんなりするまでよ
くあえ、パセリを加えて混ぜる。

43

ポワローのサラダ

チキンブイヨンでやわらかく煮たポワローを楽しむひと皿。
p.43 のレムラードソースともよく合います。

材料／4人分

ポワロー　2本
チキンブイヨン(p.6 参照)
　約2カップ
塩　少々
ビネグレットソース(p.4 参照)
　適量
セルフィーユ　少々

1　ポワローは半分の長さに切っ
て鍋に入れ、チキンブイヨンをひ
たひたに加え、塩をふって火にか
ける。沸騰したら弱火にし、やわ
らかくなるまで 10 〜 15 分煮る。
火を止めてそのままスープの中で
冷ます。

2　汁気をきり、直径 10cmのセル
クルの高さに合わせて輪切りにす
る。

3　器にセルクルをおき、**2** のポワ
ローをぎっしりと詰め、セルク
ルを抜く。これを4皿作る。それ
ぞれビネグレットソースをかけ、
セルフィーユを飾る。

44

なすのロシア風

しっとりと炒めたなすをレモンやトマトペーストで味つけ。
相性のよいサワークリームを添えていただきます。

材料／4〜5人分

なす　5〜6本
オリーブオイル　適量
玉ねぎ　½個
レモンの搾り汁　小さじ½
トマトペースト　小さじ2
塩　小さじ1
白こしょう　少々
メルバトースト(p.10参照)　適量
サワークリーム　適量
イタリアンパセリ　適量

1　なすは縦半分に切り、皮の縁を少し残して切り込みを入れる。オリーブオイル大さじ4を熱したフライパンでしんなりとするまで両面焼く。いったんとり出して中身をくり抜き、大きめに刻む。

2　玉ねぎはみじん切りにし、**1**のフライパンにオリーブオイル大さじ1を足してしんなりと炒め、**1**のなすを戻し入れて炒め合わせる。レモンの搾り汁、トマトペースト、塩、こしょうで味を調える。

3　メルバトーストに**2**を適量ずつのせて器に盛り、サワークリームとイタリアンパセリを添える。

45

マッシュルームのサラダ

マッシュルームの食感と風味を味わうフレッシュサラダ。
ここでは香りの強いブラウンのものを使いましたが、
ホワイトでも。

材料／4〜5人分
マッシュルーム（ブラウン）　9個
レモンの搾り汁　小さじ1
オリーブオイル　大さじ1½
赤ワインビネガー　小さじ1
粗塩　小さじ⅔
黒こしょう　適量
パセリのみじん切り　2枝分
パルメザンチーズ　適量
レモンの皮　適量

1　マッシュルームは石づきをとって縦に7〜8mm厚さに切り、ボウルに入れ、レモンの搾り汁小さじ½をかけてざっと混ぜる。
2　オリーブオイル、赤ワインビネガー、レモンの搾り汁小さじ½、粗塩、こしょうを加えてざっくりとあえる。
3　器に盛ってパセリをふり、パルメザンチーズ、レモンの皮をそれぞれおろしながらかける。

ローストビーツのサラダ

ローストしたビーツはうまみがギュッと凝縮して美味。
オリーブオイル、赤ワインビネガー、粗塩だけで味が調います。

材料／5〜6人分
ビーツ　小4個
オリーブオイル　大さじ2½
赤ワインビネガー　大さじ1
粗塩　小さじ⅔
ディル　3〜4枝
黒こしょう　少々
サワークリーム　適量

1　ビーツは皮つきのまま天板にのせ、200℃のオーブンで竹串がスーッと通るまで40〜50分焼く。
2　熱いうちに皮をむいて1cm角に切り、ボウルに入れ、オリーブオイル、赤ワインビネガー、粗塩を加えてあえる。飾り用を残してディルを刻んで混ぜる。
3　器に盛り、こしょうをふってサワークリームを添え、ディルを飾る。

焼きパプリカのマリネ

パプリカは皮が黒く焦げるまでしっかりと焼くのがポイント。
白い皿にきれいに並べて、オードブルスタイルに。

材料／作りやすい分量
パプリカ(赤、黄、オレンジ)　各1個
にんにくのみじん切り　½かけ分
オリーブオイル　大さじ4
塩、こしょう　各少々
シェリービネガー　大さじ1
パプリカパウダー　少々

1　パプリカは焼き網、グリル、オーブントースターなどで皮が黒く焦げるまで焼く。熱いうちに皮をむく。
2　食べやすい大きさに切りそろえてバットに並べ、にんにく、オリーブオイル、塩、こしょう、シェリービネガーの順に回しかけ、冷蔵庫で1時間ほどマリネする。
3　器に盛り、パプリカパウダーをふる。

青い豆のマリネ

そら豆、スナップえんどう、グリーンピースを取り合わせた
目にも鮮やかな野菜料理。さとうざや、絹さやを入れても。

材料／4〜5人分

そら豆(薄皮つき)　150g
スナップえんどう　7〜8本
グリーンピース　正味 90g
紫玉ねぎ　⅛個
ドライトマトのオイル漬け　15g
赤ワインビネガー　大さじ½
塩　小さじ⅓
オリーブオイル　大さじ3

1　そら豆は黒い爪の部分に包丁目を入れ、スナップえんどうは筋をとり、それぞれゆでて冷水に放す。そら豆は薄皮をむき、スナップえんどうは半割りにする。グリーンピースはゆで、ぬるま湯につけて水気をきる。

2　ドライトマトと紫玉ねぎをみじん切りにしてボウルに入れ、赤ワインビネガーと塩を混ぜ、オリーブオイルを加えて混ぜ合わせる。

3　1を2に加えてあえ、冷蔵庫で1時間ほどマリネする。

紅芯大根のマリネ

紅芯大根は白い大根よりも水分が少なく、コリッとした食感。
酢につけると色が鮮やかになるので、マリネ向きです。

材料／作りやすい分量

紅芯大根　400g
塩　小さじ½
赤ワインビネガー　大さじ4
黒こしょう　10粒
砂糖　20g
塩　小さじ2
オリーブオイル　適量

1　紅芯大根は皮をむき、ごく薄
い半月切りにする。塩を全体にま
ぶし、水気が出たら軽く絞ってバ
ットに並べる。
2　鍋に赤ワインビネガー、こし
ょう、砂糖、塩、水80mlを入れ
てひと煮立ちさせ、1にかける。
粗熱がとれたら冷蔵庫で1時間ほ
どマリネする(写真)。
3　汁気をきって器に盛り、オリ
ーブオイルをかける。

カラフルトマトの
ハニーピクルス

いろいろな種類が手軽に買えるミニトマトならではの料理。
皮を湯むきすると味のしみ込みがよく、
口当たりもよくなります。

材料／作りやすい分量
ミニトマト
　（赤、紫、黄、オレンジ、緑など）
　合わせて 40 個
ピクルス液
　米酢　大さじ 4
　塩　小さじ 1
　オリーブオイル　大さじ 4
　はちみつ　大さじ 1

1　ミニトマトは皮に少し切り目を入れ、熱湯に 1 ～ 2 秒くぐらせて氷水にとり、皮を湯むきし、バットに入れる。
2　ピクルス液の材料を混ぜ合わせて **1** にかけ、冷蔵庫で 1 時間ほど漬ける。

カリフラワーのブラマンジェ

ポタージュをかためたような、なめらかな舌触りが特徴。
カリフラワーのやさしい味わいを冷製オードブルで楽しみます。
とんぶりがアクセント。あればイクラやキャビアでも。

材料／100㎖容量のグラス6個分

カリフラワー　300g
バター（食塩不使用）　20g
塩　小さじ½
板ゼラチン　9g
牛乳　¾カップ
生クリーム　½カップ
とんぶり　適量

1　カリフラワーは小房に分け、バター、塩ふたつまみ、水300㎖とともに鍋に入れて火にかけ、沸騰したら弱火にし、ふたをして15分ほど蒸し煮にする。

2　カリフラワーがやわらかくなったらミキサーに入れ、1の煮汁大さじ2を少しずつ加えて攪拌し、なめらかになるように調節する。ボウルに移す。

3　ゼラチンは水適量に入れてふやかす。

4　鍋に牛乳と塩小さじ½を入れて火にかけ、沸騰直前まで温めて火を止め、ふやかしたゼラチンを水気をきって加え（写真 a）、余熱で溶かす。

5　4を漉しながら2のボウルに移し、ボウルの底を氷水に当てながらとろみが出るまで混ぜながら冷やす（写真 b）。

6　別のボウルに生クリームを入れて6分立てにし、5に2回に分けて加え（写真 c）、混ぜ合わせる。

7　グラスに流し入れ（写真 d）、冷蔵庫で3時間以上冷やしかためる。仕上げにとんぶりをのせる。

a

b

c

d

　【 冷製オードブル 】

パプリカのムース

パプリカは皮が黒く焦げるまでオーブンで焼くと
うまみや香りがギュッと凝縮され、
そのあと鍋に入れて水分を飛ばすとさらに濃厚な味わいに。

52

材料／4〜5人分

パプリカ(赤)　3個
バター　10g
板ゼラチン　5g
チキンブイヨン(p.6参照)
　¼カップ
塩　小さじ⅓
生クリーム　80mℓ
セルフィーユ　適量
エディブルフラワー　少々

1　パプリカは天板にのせ、200
℃のオーブンで黒く焦げるまで焼
き、ヘタをとって皮をむく。黒く
焦げたところを残さないように
し、種も除く。

2　**1**をミキサーに入れ、なめら
かになるまで攪拌する(写真a)。
鍋に移し、バターを加えて中火に
かけ、水分を少し飛ばし(写真b)、
ボウルに移す。

3　ゼラチンは水適量に入れてふ
やかす。

4　小鍋にチキンブイヨンを入れ
て火にかけ、沸騰直前で火を止め、
ふやかしたゼラチンを水気をきっ
て加え、余熱で溶かす。

5　**4**を**2**のボウルに加えて混ぜ
(写真c)、塩で味を調える。ボウ
ルの底を氷水に当てて冷やす。

6　別のボウルに生クリームを入
れて6分立てにし、**5**に加えて混
ぜる(写真d)。冷蔵庫で1時間以
上冷やしかためる。

7　パプリカのムースをスプーン
2本で形を整えて器に盛り、セル
フィーユとエディブルフラワーを
合わせて添える。

a 　b 　c 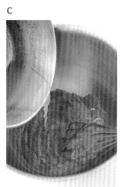　d

フムス

フムスは中東で広く食されている、ひよこ豆のペースト。
最近はベジタリアンにも人気です。
ここではピタパンの代わりにメルバトーストを添え、
グラスに盛りつけてオードブルに仕立てます。

材料／作りやすい分量
ひよこ豆(乾燥)　150g
牛乳　大さじ1
白練りごま　20g
レモンの搾り汁　小さじ2
にんにくのすりおろし　少々
塩　小さじ⅔
黒こしょう　少々
クミンパウダー　小さじ½
オリーブオイル　適量
パプリカパウダー　少々
メルバトースト(p.10参照)　適量

1　ひよこ豆は洗って3倍の水につけ、冷蔵庫でひと晩おく。
2　水ごと鍋に移して中火にかけ、沸騰したらアクをとって弱火にし、1時間ほどゆでる。ザルに上げて水気をきり、薄皮をとる(写真a)。
3　フードプロセッサーに2のひよこ豆、牛乳、練りごま、レモンの搾り汁、にんにく、塩、こしょう、クミンパウダー、オリーブオイル大さじ2を入れ(写真b)、撹拌してなめらかなペースト状にする(写真c)。
4　グラスに適量ずつ入れ、オリーブオイル適量を回しかけ、パプリカパウダーをふり、メルバトーストを添える。

a　　　　b　　　　c

  【 冷製オードブル 】

54

タブレ

タブレはクスクスのサラダのことで、レモンの酸味が爽やか。
クスクスはトマトジュースで戻し、生の野菜と
炒めた野菜を入れて、うまみのある味にするのが坂田流です。

材料／作りやすい分量
クスクス　1カップ
トマトジュース　1カップ
香味野菜
　セロリの葉、パセリの軸
　　各適量
　玉ねぎ、にんじん　各適量
紫玉ねぎ　½個
きゅうり　1本
トマト　1個
パセリ　1パック
ミント　1パック
なす　1本
マッシュルーム　6個
オリーブオイル　適量
塩　適量
黒こしょう　少々
レモンの搾り汁　½個分
赤ワインビネガー　小さじ2
オリーブオイル　大さじ4
クミンパウダー　小さじ1

1　鍋にトマトジュースと水½カップを入れ、香味野菜を細かく刻んで加えて火にかける。ひと煮立ちしたら火を止め、ザルなどで漉す。

2　ボウルにクスクスを入れて**1**を注ぎ（写真 a）、ざっと混ぜて30分ほどおく。

3　紫玉ねぎときゅうりは5mm角に切る。トマトはヘタをとって1cm角に切る。パセリとミントは葉を摘んで細かく刻む。

4　なすはヘタをとり、マッシュルームは石づきをとり、それぞれ5〜6mm角に切る。オリーブオイル大さじ2を熱したフライパンで炒め、塩少々をふる。

5　保存容器にクスクスの½量を入れてならし、**3**をのせ、続いて**4**をのせる（写真 b）。残りのクスクスを入れてならす。塩小さじ1、こしょう、レモンの搾り汁、赤ワインビネガー、オリーブオイル、クミンパウダーを加え、そのまま1時間ほどおく（写真 c）。

6　全体にしっとりとしてクスクスが完全に水気を吸ったら大きく混ぜる。

7　器に直径10cmのセルクルをおき、**6**をたっぷりと詰め、セルクルを抜く。これを人数分作る。それぞれにミント（分量外）を飾り、クミンパウダー（分量外）をふる。

a　　　　b　　　　c

　【 冷製オードブル 】

55

ライスサラダのトマト詰め

具はツナとえび、味つけはアンチョビードレッシング。
これだけでもおいしいですが、ここでは小さめのトマトに
詰めて、オードブルスタイルに。小腹が満たされます。

材料／10個分

トマト　小10個
玉ねぎ　⅛個
さやいんげん　5本
ツナ缶　小1缶
むきえび　100g
ご飯　茶碗1杯分(160g)
ドレッシング
　アンチョビー　15g
　にんにくのすりおろし　少々
　白ワインビネガー　大さじ1
　オリーブオイル　大さじ3
　塩、白こしょう　各少々
ケイパー　大さじ1
黒オリーブ(種なし)　適量

1　トマトはヘタがついている上部を¼ほど切りとり、外側の果肉を残すようにして切り込みを入れ(写真a)、中身をスプーンでくり抜く(写真b)。
2　玉ねぎは5mm角に切って水にさらし、しっかりと水気を絞る。さやいんげんはゆでて小口切りにする。ツナは油をきってほぐす。むきえびはさっとゆでて1cm幅に切る。
3　ドレッシングを作る。アンチョビーは包丁でたたくようにみじん切りにし、ボウルに入れる。にんにく、白ワインビネガー、オリーブオイルを加えて混ぜ(写真c)、塩、こしょうで味を調える。
4　ご飯をボウルに入れて粗熱をとり、**2**を加え、ドレッシングを加えてざっくりと混ぜる(写真d)。
5　**1**のトマトにライスサラダを小高く詰め、ケイパー、薄い輪切りにしたオリーブを飾る。トマトのヘタの部分を添える。

a　　　b　　　c　　　d

かにとトマトのサラダ

うまみがあって手をかけなくてもおいしい、それがかにの魅力。
レモンでさわやかな風味をつけるのがポイントです。

材料／作りやすい分量
たらばがに（ゆでたもの）
　　正味 70 〜 80g
トマト　小１個
ディル　２枝
レモンの搾り汁　小さじ１
塩　小さじ⅓〜½
オリーブオイル　大さじ２
チコリ　適量

1　トマトは皮を湯むきして１cm角に切る。ディルは粗みじん切りにする。
2　かにをほぐしてボウルに入れ、**1**、レモンの搾り汁、塩、オリーブオイルを加えてざっとあえる。
3　チコリを１枚ずつにし、**2** をのせる。

かにとマヨネーズのサラダ

手作りマヨネーズをたっぷり使った人気の定番。
カリッと焼いたメルバトーストの上にのせてオードブルに。

材料／作りやすい分量
たらばがに（ゆでたもの）
　　正味 70 〜 80g
セロリ　¼本
シブレット　10本
レモンの皮のすりおろし　適量
レモンの搾り汁　小さじ１
塩、白こしょう　各少々
オリーブオイル　大さじ１
手作りマヨネーズ(p.5 参照)　適量
メルバトースト(p.10 参照)　適量

1　セロリは食べやすい長さに切ってできるだけ細く切り、シブレットは小口切りにする。
2　かにをほぐしてボウルに入れ、レモンの皮のすりおろし½個分、レモンの搾り汁、塩、こしょう、オリーブオイル、セロリを加え、シブレットを仕上げ用を少し残して加え、ざっとあえる。
3　メルバトーストにマヨネーズをたっぷりとぬり、**2** をのせ、さらにマヨネーズをのせる。残しておいたシブレットをふり、レモンの皮のすりおろし少々をかける。

かにサラダ2種

かにとトマトのサラダ

かにとマヨネーズのサラダ

えびのカクテル

自家製のスパイシーなカクテルソースがおいしさの決め手。
えびのほか、かにや帆立貝柱にもよく合います。

材料／4〜5人分
えび(無頭、殻つき) 10尾
カクテルソース(作りやすい分量)
　トマトケチャップ　大さじ4
　レモンの搾り汁　小さじ1
　ウスターソース　小さじ¼
　タバスコ　少々
　ホースラディッシュのすりおろし
　　小さじ1
　オリーブオイル　小さじ1
　塩、白こしょう　各少々
カットレモン　適量

1　えびは背ワタをとり、レモンの薄切り2枚と白ワイン少々(各分量外)を加えた熱湯でゆで、尾を残して殻をむく。

2　カクテルソースの材料は混ぜ合わせる。

3　グラスにカクテルソースを入れ、えびをグラスの縁にひっかけるようにして盛りつけ、レモンを添える。

　【 冷製オードブル 】

かきのコンフィ

油で煮た旬のかきはうまみが凝縮されて、
コンフィならではのおいしさ。
油に浸して冷蔵庫で2週間ほど保存できます。

材料／作りやすい分量

かき(加熱用)　500g
にんにく　2かけ
オリーブオイル　適量
塩　小さじ1
黒粒こしょう　7〜8粒
タイム　2〜3本
バゲット(ライ麦入り)の薄切り
　適量
バター(食塩不使用)　適量
粗びき黒こしょう　少々

1　かきはザルに入れてよく水洗
いし、ペーパータオルなどで水気
を拭く。にんにくは薄切りにする。
2　厚手鍋に**1**のかきとにんにく
を入れ、オリーブオイルをひたひ
たに注ぎ入れ、塩、粒こしょう、
タイムを加え、弱火で15〜20分
煮る(写真)。途中、煮立ったら火
を消したりしながら70〜80℃の
温度を保つ。
3　バゲットにバターをぬり、**2**
を1粒ずつのせ、器に盛って粗び
きこしょうをふる。

帆立貝柱のいちごソース

うまみの強い貝柱とフルーティーなソースは好相性。
ここでは春のいちごを使って華やかな印象に仕上げます。

材料／4〜5人分
帆立貝柱（刺し身用）　4〜5個
いちごソース
　いちご　15粒
　塩　小さじ½
　レモンの搾り汁　少々
オリーブオイル　小さじ2
塩　少々
セルフィーユ　少々

1　いちごソースを作る。いちごはヘタをとってフードプロセッサーで攪拌してなめらかにし、塩、レモンの搾り汁を加えて混ぜる。
2　帆立貝柱は3等分の厚さに切る。
3　器にいちごソースを敷いて帆立貝柱を盛り、オリーブオイルをかけて塩をふり、セルフィーユを飾る。

やりいかのビネグレットソース

さっとゆでたいかはやわらかくて甘味があり、ディルの香りと酸味のあるビネグレットソースがよく合います。

材料／4〜5人分
やりいか　4はい
紫玉ねぎ　¼個
ディル　4パック
ビネグレットソース（p.4 参照）
　適量

1　やりいかは胴と足に分け、胴は皮をむきとって2cm幅に切り、足は食べやすい長さに切る。鍋に湯を沸かしてレモンの薄切り2〜3枚（分量外）を加え、いかを入れてさっとゆで（写真）、水気をきる。
2　紫玉ねぎは薄切りにし、ディルは葉を摘む。
3　ボウルに1、紫玉ねぎ、ディルの半量を入れ、ビネグレットソースを加えてあえる。
4　器に盛り、残りのディル、カットレモン（あれば。分量外）を飾る。

白身魚のラビゴットソース

白身魚の刺し身とよく合うのが、野菜のみじん切りや
ケイパーなどを入れた酸味のあるラビゴットソースです。
白身魚は鯛、ひらめなど好みのもので。

材料／作りやすい分量
白身魚の刺し身　1さく(100g)
ラビゴットソース
　フレンチマスタード　小さじ1
　塩　小さじ²⁄₃
　白ワインビネガー　大さじ2
　オリーブオイル　½カップ
　玉ねぎのみじん切り　大さじ2
　セロリのみじん切り　大さじ1
　ピクルスのみじん切り　大さじ2
　ケイパーのみじん切り　大さじ1
　ドライトマト　5g
　パセリのみじん切り　大さじ1
シブレット　少々

1　ラビゴットソースを作る。ド
ライトマトは細かくたたく。ボウ
ルにフレンチマスタード、塩、白
ワインビネガーを入れてよく混ぜ
合わせ、オリーブオイルを少しず
つ混ぜる。玉ねぎ、セロリ、ピク
ルス、ドライトマト、ケイパーを
加えて混ぜ(写真)、パセリを加え
て混ぜ合わせる。
2　白身魚をできるだけ薄いそぎ
切りにし、器に盛り、ラビゴット
ソースを添え、シブレットを飾る。

　【 冷製オードブル 】

まぐろのタルタル

いつものタルタルにゆで卵やエシャロット、
ピクルスなどを加えてオードブル仕様にアレンジ。
見た目の美しさもおいしさのうち。

材料／3人分

タルタル

まぐろの刺し身(赤身または中とろ)
　I さく(150g)

ゆで卵の黄身　I 個分

コルニッション(小さいきゅうりの
　ピクルス)のみじん切り　3本分

エシャロットのみじん切り
　大さじ I

レモンの搾り汁　小さじ I

白ワインビネガー　小さじ I

塩　小さじ½

白こしょう　少々

オリーブオイル　大さじ3

ミニトマト　3個

コルニッション　2本

シブレットの小口切り　適量

ガーリックトースト(p.10 参照)
　適量

1　まぐろは 3〜4 ㎜角に切る。
ゆで卵の黄身はつぶす。

2　ボウルに 1、コルニッション、
エシャロットを入れて混ぜ、レモ
ンの搾り汁、白ワインビネガー、
塩、こしょう、オリーブオイルを
加えて混ぜる。

3　器に直径 10cmのセルクルをお
き、2 をたっぷりと詰める。輪切
りにしたミニトマト、縦半分に切
ったコルニッションをのせ、セル
クルを抜く。これを人数分作る。
シブレットをふり、ガーリックト
ーストを添える。

いわしのマリネ

新鮮ないわしを軽く塩でしめ、にんにくと玉ねぎ、パセリ、
ワインビネガーとオリーブオイルに漬け込みます。
前日に仕込んで冷やしておくと、身がしまってさらにおいしい。
黒パンやライ麦パン、サワークリームと一緒に食べても。

材料／4〜5人分
いわし（3枚におろしたもの）　4尾分
塩　小さじ1
マリナード
　にんにく　1かけ
　玉ねぎ　1/4個
　パセリのみじん切り　大さじ1
　白ワインビネガー　大さじ3
　塩　小さじ2/3
　白こしょう　少々
　オリーブオイル　大さじ5

1　いわしは皮目を下にしてバットに並べ、塩を全体に軽くふり（写真a）、冷蔵庫で2〜3時間おく。
2　1の水気をしっかりと拭きとり、皮をひいて小骨をとり、バットなどに並べる。
3　マリナードのにんにくと玉ねぎはみじん切りにする。
4　2に3をのせてパセリをふり、白ワインビネガー、塩、こしょう、オリーブオイルをかけ（写真b）、冷蔵庫で30分以上マリネする。
5　マリナードごと器に盛る。

a

b

65

サーモンムースのシュー

スモークサーモンとカッテージチーズ、生クリームで作る
サーモンピンクのムース。ひと口サイズのシューに絞り入れて
大きめの器に盛りつけ、フィンガーフードとして楽しみます。

材料／作りやすい分量
サーモンムース
　スモークサーモン　120g
　カッテージチーズ（裏漉しタイプ）
　　50g
　サワークリーム　30g
　レモンの搾り汁　少々
　生クリーム　適量
　塩、白こしょう　各少々
プチシュー（p.8参照）　適量
ディル　適量

1　サーモンムースを作る。フードプロセッサーにスモークサーモン、カッテージチーズ、サワークリームを入れてなめらかになるまで攪拌し、生クリーム大さじ2〜3、レモンの搾り汁を加えてさらに攪拌し（写真a）、ボウルに移す。

2　別のボウルに生クリーム¼カップを入れて8分立て（泡立て器ですくうと下にぼったりと落ち、落ちた跡が積もるくらい）にする。

3　2を1のボウルに加えて混ぜ（写真b）、塩、こしょうで味を調える。

4　シューの上部を横に切り、上部も捨てずにとっておく。ディルは葉を摘む、

5　3のサーモンムースを星口金をつけた絞り出し袋に入れ、シューの中に絞り出す（写真c）。ディルをのせ、シューの上部をかぶせる。

a

b

c

73

さばのリエット

おいしさのコツは、さばに塩をして香ばしく焼き、
炒めたマッシュルームとともに白ワインで煮てから
ペースト状にすること。さばのうまみを凝縮させ、
ディルとバターでしっかりとした味に仕上げます。

材料／作りやすい分量

さば　1切れ
にんにく　小1かけ
ブラウンマッシュルーム
　　8個(150g)
オリーブオイル　大さじ3
白ワイン　¼カップ
塩　小さじ⅓〜½
粗びき黒こしょう　適量
バター(食塩不使用)　40g
ディル　適量
メルバトースト(p.10参照)　適量
赤粒こしょう　少々

1　さばは両面に塩をふり、水気が出たらペーパータオルで水気を拭く。にんにくはつぶす。マッシュルームは石づきをとって縦5mm幅の薄切りにする。

2　フライパンにオリーブオイル大さじ2とにんにくを入れて火にかけ、ゆっくりと熱して香りを出し、さばを加え、両面しっかりと焼く(写真a)。いったんとり出し、骨をとり除く。

3　2のフライパンにオリーブオイル大さじ1を足し、マッシュルームを入れて強火で炒める。焼き色がついてしっとりとしてきたら、さばを戻す。

4　白ワインを加えて強火で煮詰め、水½カップを加え、さばの身を木ベラでくずすようにしながら4〜5分煮る(写真b)。

5　フードプロセッサーに煮汁ごと移し、なめらかになるまで攪拌し、塩、こしょうを加えてざっと攪拌する。粗熱がとれるまでしばらくおく。

6　ディル2枝は葉を摘み、バターは室温に戻してやわらかくする。5の粗熱がとれたら加え(写真c)、再びフードプロセッサーで攪拌してなめらかにする。

7　6のリエットを適量ずつメルバトーストにぬり、ディル少々と赤粒こしょうを飾る。

a　　　　　b　　　　　c

　【 冷製オードブル 】

67

豚肉のリエット

肉の形がくずれるくらいまでじっくり煮込んでから
フードプロセッサーにかけるのがポイント。
リエットはもともと保存食として考えられた料理なので
ラードでカバーしておけば冷蔵庫で4〜5日保存できます。

材料／作りやすい分量

豚バラ肉　350g
玉ねぎ　½個
にんにく　１かけ
セロリ　½本
オリーブオイル　大さじ2
白ワイン　½カップ
チキンブイヨン　½カップ
黒粒こしょう　5〜6粒
タイム　3〜4枝
ローリエ　１枚
塩、黒こしょう　各適量
ラードまたは煮汁の脂やバター
　適量
メルバトースト(p.10 参照)　適量

1　豚肉は１cm厚さに切って塩小さじ１をもみ込み、１時間ほどおき、水気を拭く。玉ねぎ、にんにく、セロリはみじん切りにする。
2　フライパンにオリーブオイル大さじ１を熱し、豚肉を入れて軽く色づく程度に焼く(写真 a)。
3　鍋にオリーブオイル大さじ１を熱し、玉ねぎ、にんにく、セロリを入れて炒め、2の豚肉を加える。白ワインを入れて煮詰め、チキンブイヨン、粒こしょう、タイム、ローリエを加えてふたをし、弱火で１時間ほど煮る。
4　ふたをとり、さらに30分ほど煮て、肉がぐずぐずにやわらかくなるまで煮る(写真 b)。
5　フードプロセッサーに豚肉、煮汁の半量、塩小さじ2、こしょうを入れて攪拌し、残りの煮汁を少しずつ加えてなめらかになるまで調整しながら攪拌する(写真 c)。
6　ココットなどに入れてならし、ラードでおおってカバーする(写真 d)。食べるときにラードをはずし、メルバトーストを添える。

a

b

c

d

【 冷製オードブル 】

68

フライパンローストビーフ

フライパンで焼きつけてうまみを封じ込めた後、
余熱でゆっくりと中まで火を通すのがポイント。
肉汁を落ち着かせてから薄切りにします。

材料／作りやすい分量

牛もも肉(かたまり)　700〜800g

塩　小さじ1

黒こしょう　適量

玉ねぎ　2個

セロリの葉　1〜2本分

にんにく　2かけ

オリーブオイル　大さじ2

クレソンのサラダ

　クレソン　2束

　オリーブオイル　大さじ1強

　塩　小さじ⅓

　赤ワインビネガー　小さじ1

ホースラディッシュのすりおろし
　適量

1　牛肉は焼く1〜2時間前に冷蔵庫から出して室温に戻す。

2　焼く直前に牛肉に塩、こしょうをすりつける。玉ねぎは薄切りにし、セロリの葉はざく切り、にんにくはつぶす。

3　フライパンにオリーブオイル大さじ1を熱して牛肉を入れ、表面にしっかりと焼き色がつくまで転がしながら焼く(写真a)。いったんとり出す。

4　3のフライパンにオリーブオイル大さじ1を足し、玉ねぎ、セロリの葉、にんにくを入れてさっと炒め、牛肉をのせ(写真b)、ふたをして弱火で10分ほど蒸し焼きにする。牛肉を返し、再びふたをしてさらに5〜6分蒸し焼きにする。

5　牛肉をとり出し、アルミホイルでぴったりと包んでからビニール袋に入れ、さらにキッチンクロスなどで包んで余熱で火を入れる(写真c)。冷めるまで1時間ほど室温におく。

6　クレソンのサラダを作る。クレソンはかたい軸を除いてボウルに入れ、オリーブオイル、塩、ワインビネガーを加えてあえる。

7　牛肉を薄切りにして器に盛り、クレソンのサラダとホースラディッシュを添える。

a　　　　　b　　　　　c

69

コールドビーフ
せん切り野菜添え

香味野菜と一緒にゆっくりとゆでた牛すね肉は
肉のうまみが凝縮していながらも、あっさりとした食べ心地。
せん切り野菜とドレッシングでいただくのが坂田流です。

材料／4〜5人分
牛すね肉　800g
香味野菜
　玉ねぎの薄切り、
　　にんじんの薄切り　各適量
　パセリの軸、セロリの葉
　　各適量
セロリ　1本
紫玉ねぎ　1/4個
じゃがいも　1個
ビネグレットソース(p.4参照)
　適量

1　牛肉は鍋に入れ、香味野菜を加えて水をひたひたに注いで火にかける。沸騰したらアクをとり、弱火にし、1〜1時間30分ゆでる。途中水が少なくなったらその都度足す。そのままゆで汁の中で冷ます(写真a)。
2　セロリは斜めにごく薄く切り、さらに細切りにして水にさらす。紫玉ねぎは薄切りにして水にさらす。
3　じゃがいもは皮をむいてごく細く切り、水にさらし、しばらくしたらザルに広げて熱湯をかける。少し透明になるまで熱湯をかけたら、流水でぬめりを洗い流す。
4　2と3の野菜の水気をしっかりときってシャキッとさせる(写真b)。
5　1の牛肉を5mm〜1cm厚さに切る(写真c)。
6　器にせん切り野菜を敷いて牛肉を盛り、ビネグレットソースをかける。

a　　　　　b　　　　　c

コールドチキン
ハーブマヨネーズ添え

うまみのあるもも肉、比較的淡白な胸肉、
ふたつの部位のおいしさをストレートに楽しむオードブル。
カナッペ（p.16 参照）やひと口サンド（p.30 参照）に使っても。

材料／作りやすい分量
鶏もも肉、鶏胸肉　各 1 枚
粗塩　小さじ 2
香味野菜
　玉ねぎの薄切り、
　　にんじんの薄切り　各適量
　パセリの軸、セロリの葉
　　各適量
白ワイン　¼ カップ
レモンの薄切り　2 枚
ハーブマヨネーズ
　手作りマヨネーズ(p.5 参照)
　　大さじ 5
　セルフィーユのみじん切り
　　大さじ 1
　エストラゴンのみじん切り
　　小さじ 1
レモンの薄切り　1 枚
パセリ　少々

1　鶏肉はバットに入れて塩をふり（写真 a）、冷蔵庫で 1 時間ほどおいて下味をつける。出てきた水分は拭く。
2　鍋にたっぷりの水と香味野菜、白ワイン、レモンを入れて火にかけ、沸騰したら鶏肉を入れて、すぐに火を止める。
3　ふたをして（写真 b）、そのまま余熱で火を通し、冷ます。粗熱がとれたら冷蔵庫に入れて冷やしてもよい。
4　ハーブマヨネーズを作る。手作りマヨネーズをボウルに入れ、セルフィーユ、エストラゴンを加え、混ぜ合わせる（写真 c）。
5　3 の鶏肉の汁気をきって薄切りにし、器に盛る。レモンをおき、その上にハーブマヨネーズをたっぷりと添え、パセリを飾る。

a　　　　　　b　　　　　　c

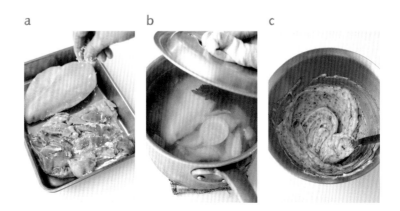

砂肝のコンフィ

砂肝をラードとサラダ油で煮てコンフィを作ります。
保存瓶に入れてラードでカバーすれば冷蔵庫で2週間保存可。

材料／作りやすい分量
鶏砂肝　500g
塩　小さじ1½
ローリエ、タイム　各適量
黒粒こしょう　適量
ラード　500g
サラダ油　1カップ

1　砂肝は白いかたい部分をとり除き、ボウルに入れ、塩、ローリエ、タイム、粒こしょうをまぶして冷蔵庫でひと晩おく(写真a)。

2　1を鍋に移し、ラード、サラダ油を加えて火にかけ(写真b)、ラードが溶けたらふたをして110℃のオーブンで2時間ほど加熱する。冷めたら保存容器に移して冷蔵庫に入れる。

3　かたまった脂をとり除き(写真c)、器に盛る。タイムを添える。

a

b

c

鶏レバーのコンフィ

薄く切ってバゲットにのせるとレバーが苦手な人にも食べやすく、砂肝のコンフィと同様、保存性が高いのが魅力です。

材料／作りやすい分量
鶏レバー　500g
塩　小さじ1½
ローリエ、タイム　各適量
黒粒こしょう　適量
ラード　500g
サラダ油　1カップ

1　レバーは氷水に10分ほどつけ、水を替えながらよく洗い、水気を拭く。ボウルに入れ、塩、ローリエ、タイム、粒こしょうをまぶして冷蔵庫でひと晩おく。

2　1を鍋に移し、ラード、サラダ油を加えて火にかけ、ラードが溶けたらふたをして110℃のオーブンで2時間ほど加熱する。冷めたら保存容器に移して冷蔵庫に入れる。

3　かたまった脂をとり除き、薄切りにして器に盛る。

砂肝のコンフィ　　　　　　　　　　鶏レバーのコンフィ

73

レバーペーストのシュー

バターと生クリーム、ブランデーとポルト酒を入れた
リッチな味わいが人気のレバーペーストを、
手作りのプチシューに絞り出した、オードブルの真骨頂。

材料／作りやすい分量

鶏レバー　300g
にんにく　1かけ
玉ねぎ　¼個
バター（食塩不使用）　60〜70g
オリーブオイル　大さじ1
ローリエ　2枚
タイム　2枝
ブランデー　大さじ2
生クリーム　大さじ2
ポルト酒　大さじ1
塩、黒こしょう　各適量
プチシュー（p.8参照）　15〜20個
赤粒こしょう　適量

1　レバーは氷水に10分ほどつけ、筋や血合いをきれいに掃除する。にんにくはつぶし、玉ねぎは薄切りにする。バターは室温に戻す。

2　フライパンにオリーブオイル、にんにくを入れて弱火にかけ、香りが出たら玉ねぎを加え、しんなりとするまでよく炒める。水気を拭きとったレバーを加え、ローリエ、タイムを入れ、レバーの色が変わるまで強火で炒める。

3　ブランデーを加え（写真a）、汁気がなくなるまで煮詰め、バットに移して粗熱をとる。

4　3をフードプロセッサーに入れて撹拌し、塩、半量のバターを加え（写真b）、さらに撹拌する。漉し器で漉し、再びフードプロセッサーに入れる。

5　残りのバターと生クリーム、ポルト酒を加えてさらに撹拌してなめらかにし（写真c）、塩、こしょうで味を調える。

6　シューの上部を横に切り、上部も捨てずにとっておく。

7　5のレバーペーストを星口金をつけた絞り出し袋に入れ、シューの中に絞り出す（写真d）。赤粒こしょうをのせ、シューの上部をかぶせる。

a　　　　　b　　　　　c　　　　　d

　【 冷製オードブル 】

74

ハムとうずら卵の
アスピックゼリー

基本のコンソメスープに塩とシェリー酒で味と香りをつけ、
ハムとうずら卵を入れた、口当たりのよいゼリー。
プリン型で作れる手軽なレシピです。

材料／6人分

ロースハム
　　１cm厚さのもの　２枚
うずら卵(ゆでたもの)　６個
コルニッション
　　(小さいきゅうりのピクルス)　５本

ゼリー液

　基本のコンソメスープ(p.7 参照)
　　２カップ
　シェリー酒　小さじ１
　塩　小さじ⅔
　板ゼラチン　12g
パセリ　少々

1　ハムは１cm角に切る。コルニッションは薄い小口切りにする。ゼラチンは水適量に入れてふやかす。

2　ゼリー液を作る。鍋にコンソメスープを入れて火にかけ、沸騰直前まで温めて火を止め、シェリー酒を加え、塩で味を調える(写真a)。ふやかしたゼラチンを加えて溶かし、ボウルに漉しながら移し、ボウルの底を氷水に当てて混ぜながら冷やす。

3　氷水を張ったバットにプリン型を並べ、ゼリー液を少量流す。少しかたまってきたら、ハムとコルニッション各適量を形よくおき(写真 b)、ゼリー液をハムが隠れるくらいまで流す(写真 c)。

4　ゼリー液がかたまってきたら、さらにハム、うずらの卵、コルニッションを並べ、ゼリー液を流す。

5　バットの氷水を捨て、冷蔵庫に１時間以上入れて冷やしかためる(写真 d)。

6　型から抜いて器に盛り、パセリを添える。

a

b

c

d

夏野菜のテリーヌ

色とりどりの野菜とタプナードソースを積み重ね、
ゼリーでかためたテリーヌは、夏ならではのオードブル。
ちょっと手間はかかりますが、おいしさは最上級。

**材料／17 × 8.5 ×高さ 7.5cmの
パウンド型 I 台分**

パプリカ(赤、黄)　各 2 個
なす　5 本
ズッキーニ　2 本
さやいんげん　15 ～ 16 本
オリーブオイル、塩　各適量
タプナードソース
　アンチョビー　20g
　グリーンオリーブ(種抜き)　80g
　にんにく　少々
　オリーブオイル　40㎖
　ケイパー　10g
　フレンチマスタード　小さじ 2
　塩、こしょう　各適量
ゼリー液
　チキンブイヨン(p.7 参照)
　　½ カップ
　塩　小さじ ¼
　板ゼラチン　6 g

1　パプリカは焼き網やグリルなどで皮が真っ黒になるまで焼き、ヘタをとって皮をむいて縦 4 等分に切り、種があればとり除く。バットに並べ、オリーブオイルと塩各適量をまぶす。なすも同様にして焼き、ヘタを切り落として皮をむき、オリーブオイルと塩各少々をふる。ズッキーニはピーラーで縦薄切りにし、さっとゆでて水気を絞る。さやいんげんはさっとゆでて塩少々をふる(写真 a)。
2　タプナードソースを作る。すべての材料をフードプロセッサーに入れ、攪拌してなめらかにし、塩、こしょうで味を調える。
3　ゼリー液を作る。鍋にチキンブイヨンを入れて火にかけ、沸騰直前まで温めて火を止め、塩で味を調える。ふやかしたゼラチンを加えて溶かし、粗熱をとる。

4　パウンド型を縦におき、ズッキーニを少しずらしながら敷き詰めて左右を型の縁にかけ、軽く塩をふる。残ったズッキーニはとっておく。赤パプリカを縦に並べてタプナードソースを薄くぬり、黄パプリカ、タプナードソース、さやいんげん、なすの順に重ねてのせ、タプナードソースを薄くぬる(写真 b)。
5　さらに赤パプリカ、タプナードソース、さやいんげん、なす、タプナードソース、黄パプリカと重ねてのせ、上から軽く押してしっかりとなじませる。
6　ゼリー液をそっと流し入れ(写真 c)、縁にかけておいたズッキーニをかぶせる。隙間があればさらにズッキーニを重ねて、しっかりと全体をおおう。冷蔵庫で 2 時間以上冷やしかためる。
7　好みの厚さに切り分けて器に盛り、タプナードソース適量を添える。

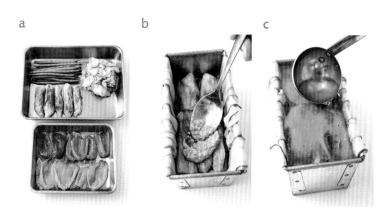

a　　　　　b　　　　　c

76 帆立貝柱と
ホワイトアスパラガスの
テリーヌ

ホワイトアスパラの丸い断面が水玉模様のように見える
ちょっと愛らしい白色のテリーヌ。
ひと口頬張るとふんわり、その中に貝柱のうまみを感じます。

**材料／17 × 8.5 ×高さ 7.5cmの
　　パウンド型 1 台分**

帆立貝柱　280g
ホワイトアスパラガス　8 本(400g)
塩　適量
卵白　80g
生クリーム　120mℓ
手作りマヨネーズ(p.5 参照)　少々
白こしょう　少々

1　アスパラガスをゆでる。アスパラガスは根元に近いかたい部分を切り落とし、ピーラーで皮をむき、皮も捨てずにとっておく。鍋にアスパラガスがひたひたになるくらいの水を入れ、アスパラガスの皮、塩ひとつまみを加えて火にかけ、沸騰したらアスパラガスを入れて 15 分ほど弱火でゆでる。全体が透き通ったら火を止め、ゆで汁の中で冷ます。

2　帆立貝柱はペーパータオルで水気を拭きとり、フードプロセッサーに入れ、**1** のアスパラガス 2 本を適当な長さに切って加え、塩 4g を入れて攪拌する。なめらかになったら卵白を少しずつ加えながらさらに攪拌する(写真 a)。

3　ボウルに移し、ボウルの底を氷水に当て、生クリームを少しずつ加えながらゴムベラでしっかりと混ぜ合わせる。

4　残りのアスパラガス 6 本は汁気を拭き、パウンド型の長さに合わせて切る。

5　パウンド型の内側に大きめに切ったアルミホイルを敷き、余った部分を 4 辺ともに型の縁にかける。**3** を絞り出し袋に入れ、⅓量を空気が入らないように絞り出し、アスパラガス 3 本を並べる(写真 b)。

6　残りの **3** の半量を絞り出し、アスパラガス 3 本を並べ、残りの **3** を絞り出し(写真 c)、アルミホイルをかぶせてふたをする。

7　**6** をバットにのせ、バットごと天板にのせ、バットに熱湯を張り(写真 d)、150℃のオーブンで 30 分ほど蒸し焼きにする。金串を真ん中に刺してそれを唇に当ててみて、温かさを感じればできあがり。

8　オーブンから出し、ペットボトルをのせたバットなどで軽く重石をし、粗熱がとれたら冷蔵庫でひと晩冷やす。

9　型からとり出して好みの厚さに切り分け、器に盛ってマヨネーズを添え、こしょうをふる。

a

b

c

d

パテ・ド・カンパーニュ

豚ひき肉と鶏レバーをフードプロセッサーにかけ、
スパイスやハーブ、洋酒で香りとコクをプラスし、
背脂で包んでパテに仕上げます。
ひと晩以上ねかせてからいただくのがおすすめです。

**材料／16×11×高さ8cmの
　テリーヌ型1台分**

豚ひき肉　300g
鶏レバー　300g
レバー下味用
　ポルト酒、コニャック
　　各大さじ1
にんにく　2かけ
玉ねぎ　小1個
バター(食塩不使用)　30g
塩　11g
卵　1個
白ワイン　20mℓ
ポルト酒　大さじ1
コニャック　小さじ1
粗びき白こしょう　2g
キャトルエピス、オールスパイス
　各1g
ベーコン(薄切り)　8枚
セージ　3枚
黒粒こしょう　適量
フレンチマスタード　適量
コルニッション
　(小さいきゅうりのピクルス)　適量
バゲット(トーストしたもの)　適量

1　レバーはポルト酒、コニャックをまぶして冷蔵庫で1時間ほどおく。

2　にんにくと玉ねぎは薄切りにし、バターを熱したフライパンでよく炒め、全体に濃い茶色になったらバットに広げて冷ます。

3　1のレバーの水気をしっかりときってフードプロセッサーに入れ、なめらかになるまで攪拌し、半量のひき肉、2、塩、卵、白ワイン、ポルト酒、コニャック、粗びきこしょう、キャトルエピス、オールスパイスを加え(写真a)、さらに攪拌してなめらかにする。

4　ボウルに移し、残りのひき肉を加えて混ぜる。

5　型の底にベーコン4枚を敷き詰め、そのままなりゆきで側面もおおい、4を空気を抜きながら少しずつ詰める(写真b)。上からもベーコン4枚でおおい、セージと黒粒こしょうをおく。

6　5をバットにのせ、バットごと天板にのせ、バットに熱湯を張り(写真c)、アルミホイルでふたをし、170℃のオーブンで40〜50分蒸し焼きにする。金串を真ん中に刺してそれを唇に当ててみて、温かさを感じればOK。

7　オーブンから出し、氷を入れたバットにのせ、型の内側に合わせたシート(段ボールをアルミホイルで巻いたもの)をのせ、ペットボトルをのせたバットで重石をして30分おく(写真d)。氷と重石を除いて冷蔵庫でひと晩おく。

8　できあがり(写真e)。好みの厚さに切り分けて器に盛り、フレンチマスタード、コルニッション、バゲットを添える。好みでこしょう(分量外)をふる。

a　　　　　b　　　　　c

d　　　　　e

小さいオニオングラタンスープ

オニオンスープ、バゲット、チーズを前もって用意しておき、
いただく直前に器に入れてオーブンで焼き上げます。

材料／4〜6人分
玉ねぎ　2個
バター（食塩不使用）　50g
赤ワイン　大さじ2
チキンブイヨン(p.6 参照)
　　3½カップ
塩　小さじ⅔
黒こしょう　少々
バゲット
　　5〜6mm厚さのもの8枚
グリュイエールチーズ　80g

1　玉ねぎは横半分に切ってから繊維に沿って薄切りにする。鍋にバターを入れて熱し、玉ねぎを加え、しんなりとして水分が出てきたら、全体を混ぜるようにして炒める。鍋肌が焦げついてくるようなら、少量の水を足しながらこそげるようにして炒め、褐色になるまでよく炒める。

2　赤ワインを加えてさっと煮詰め、チキンブイヨンを加えてふたをし、弱火で10分ほど煮る。塩、こしょうで味を調える。

3　バゲットはオーブントースターで軽く乾燥する程度に焼く。グ

リュイエールチーズは薄く削る。

4　耐熱性の器に熱々のスープを注ぎ入れ、バゲットとチーズをのせ、220℃のオーブンで焼き色がつくまで6〜7分焼く。

79

ポーチドエッグ入り
コンソメスープ

ていねいに作るクラシックなスープはそれだけでも美味ですが、
ここではポーチドエッグを加えて愛らしく仕上げます。

材料／3人分

基本のコンソメスープ(p.7参照)
　　2カップ
シェリー酒　小さじ1
塩　小さじ½
卵　3個
パセリのみじん切り　少々

1　卵は1個ずつ小さな容器に割り入れる。小さめの鍋に湯を沸かし、米酢少々(分量外)を加え、湯を箸で大きく円を描くように混ぜて渦を作り、真ん中に卵1個を落とす。そのまま2分ほど弱火でゆで、氷水にとり、ペーパータオルを敷いたバットにとって水気をきる。同様にしてあと2個作る。

2　鍋にコンソメスープを入れて火にかけ、少し煮詰め、シェリー酒を加え、塩で味を調える。

3　器にポーチドエッグを1個ずつ入れ、熱々のスープを注ぎ、パセリを散らす。

スクランブルエッグとからすみ

生クリームとバター入りの卵液を湯せんにかけながら
火を入れるのがポイント。からすみがアクセントです。

材料／2人分
卵　2個
バター（食塩不使用）　10g
生クリーム　小さじ2
塩　ごく少々
からすみ　適量
シブレットの小口切り　少々
メルバトースト（p.10参照）　適量

1　ボウルに卵を割りほぐし、バター、生クリーム、塩を加えて混ぜる。
2　鍋に湯を沸かし、湯が直接当たらないように1のボウルを重ねてのせ、ゴムベラでゆっくりと混ぜながら卵に火を入れる。とろみがついてきたら湯せんをはずしたり、湯煎にかけたりしながら、好みのやわらかさに仕上げる。
3　器に2を盛り、からすみをすりおろしてかけ、シブレットを散らす。メルバトーストを添える。

うにのフラン

オーブンで蒸し焼きにした卵は
プリンのようなやさしい口当たり。
うにを加えるとコクとうまみが加わってリッチなテイストに。

材料／2人分
卵　1個
卵黄　1個分
うに　50g
チキンブイヨン　¼カップ
牛乳　60mℓ
生クリーム　小さじ2
塩　少々
仕上げ用うに　適量
セルフィーユ　少々

1　うには裏漉しする。

2　鍋にチキンブイヨン、牛乳、生クリーム、塩を入れて火にかけ、沸騰直前で火を止める。

3　ボウルに卵と卵黄を入れてよくほぐし、**2** を少しずつ加えながら混ぜる。

4　**1** と **3** を合わせて耐熱性の器に流し入れ、バットに並べる。バットに熱湯を張って天板にのせ、160℃のオーブンで15～20分蒸し焼きにする。蒸し上がる5分ほど前に仕上げ用うにをのせてさっと火を通す。セルフィーユを添える。

スパニッシュオムレツ

冷めても温め直してもオードブルになりますが、
できたて熱々を切り分けて頬張るおいしさは格別。
厚みのある仕上がりにしたいので、
ここでは直径20cmのフライパンで作ります。

材料／作りやすい分量

じゃがいも　小2個
玉ねぎ　½個
卵　6個
塩　小さじ½
オリーブオイル　適量

1　じゃがいもは半分に切って皮をむき、薄切りにして水洗いし、水気をしっかりときる。玉ねぎはみじん切りにする。

2　フライパンにオリーブオイル大さじ1を熱し、玉ねぎを入れてしんなりするまで炒め、とり出す。

3　2のフライパンにオリーブオイル大さじ5とじゃがいもを入れ、揚げ焼きするように炒める。じゃがいもがやわらかくなったらザルにあけて油をきる。

4　ボウルに卵を割りほぐし、塩と**2**、**3**を加え、じゃがいもをつぶしながら混ぜる(写真a)。

5　直径20cmのフライパンにオリーブオイル適量を入れてなじませ、**4**の卵液を少量残して流し入れる。強火にしてかき混ぜ、まわりがかたまってきたら火を弱めて焼く。

6　底面に焼き色がついたら皿をかぶせてひっくり返し、そのままフライパンに戻し入れ(写真b)、裏面も焼く。残しておいた卵液を刷毛につけて凸凹のある部分にぬる(写真c)。さらにもう1〜2回これを繰り返し、形を整えながら仕上げる。

7　焼き上がったらフライパンからとり出し(写真d)、12等分に切り分けて器に盛り、ピックなどを刺す。

a

b

c

d

ひと口コロッケ

キャラウェイシードの香りとローストアーモンドの食感が
食欲を刺激する、オードブルにふさわしい揚げもの。
パン粉を細かくしてまぶすとレストラン風になります。

材料／作りやすい分量
じゃがいも（メークイン）　3個
バター（食塩不使用）　10〜20g
生クリーム　小さじ1
塩、白こしょう　各少々
キャラウェイシード　小さじ2
アーモンド（無塩）　30g
衣
　薄力粉、溶き卵、パン粉
　　各適量
揚げ油（サラダ油＋ラード）　適量

1　キャラウェイシードはフライパンで乾炒りして香りを出し、仕上げ用に少しとりおく。アーモンドは150℃のオーブンで20分ほどローストし、砕く。

2　じゃがいもは皮ごと洗い、蒸気の立った蒸し器で竹串がスーッと通るまで蒸し、熱いうちに皮をむいてつぶす。

3　バター、生クリームを加えてなめらかにし、塩、こしょうをし、キャラウェイシードとアーモンドを加えて混ぜる（写真a）。バットに広げてしっかりと冷ます。

4　3をピンポン玉くらいの大きさに丸める（写真b）。

5　衣のパン粉はフードプロセッサーなどで撹拌して細かくする。

6　4を薄力粉、溶き卵、パン粉の順に衣をつけ（写真c）、170℃の揚げ油でこんがりと色づくまで揚げる。

7　器に盛り、とりおいていたキャラウェイシードをつぶして散らす。

a

b

c

84

じゃがいもとかにの 小さいスフレ

焼きたてはぷっくらふくらみ、数分すると帽子を被ったような
愛らしい見た目。この段階ですぐにいただくのが最高です。

材料／

直径7cmのココット6個分

じゃがいも（男爵）　2個
バター（食塩不使用）　20g
牛乳　80ml
生クリーム　60ml
パルメザンチーズのすりおろし
　　大さじ2
レモンの皮のすりおろし　少々
かに缶　100g
レモンの搾り汁　小さじ1
卵　2個
塩、ナツメグ　各少々

1　じゃがいもは皮ごと洗って水からゆで、熱いうちに皮をむいてつぶす。鍋に戻し、バターと牛乳を加えてなめらかにし、生クリーム、パルメザンチーズを加える。火からおろしてレモンの皮を混ぜる。

2　かにはほぐしてレモンの搾り汁をまぶす。卵は卵黄と卵白に分ける。

3　ボウルに1のじゃがいもと2のかに、塩、ナツメグ、卵黄を入れて混ぜる。

4　別のボウルに卵白を入れ、塩ひとつまみを加え、角が立つまで

しっかりと泡立てる。⅓量を3に加えて混ぜ、残りを加えて手早く混ぜ合わせる。

5　ココットにバター少々（分量外）をぬり、パルメザンチーズのすりおろし適量（分量外）を側面だけにまぶす。4を入れ、180℃のオーブンで15〜20分焼く。

じゃがいものグラタン

牛乳で煮たじゃがいもに生クームとチーズをかけて
オーブンへ。焼き色がしっかりつくまで焼くのがポイント。

材料／作りやすい分量
じゃがいも（メークイン）　6個
牛乳　2カップ
塩　適量
ナツメグ、白こしょう　各少々
にんにく　1かけ
バター（食塩不使用）　30g
生クリーム　½カップ
グリュイエールチーズの
　　すりおろし　80g

1　じゃがいもは皮をむいて4mm
厚さの薄切りにする。水にさらさ
ない。
2　1を少しずつずらしながら鍋
に並べ、ひたひたの牛乳を加えて
塩小さじ½とナツメグをふり、中
火にかけ、じゃがいもがやわらか
くなるまで煮る。吹きこぼれやす
いので、沸騰したら弱火にし、と
きどき鍋底を軽く混ぜる。じゃが
いもがやわらかくなってきたらく
ずれやすいので注意。
3　牛乳が煮詰まってとろみが出
て、じゃがいもがやわらかくなっ
たら火からおろし、塩、こしょう

で軽く味を調える。
4　グラタン皿ににんにくの切り
口をこすりつけ、バターをぬる。
3を煮汁ごとグラタン皿に移し、
生クリームを回しかけ、グリュイ
エールチーズをかける。200℃の
オーブンで15〜20分焼く。

たけのこの木の芽フリット

春の出会いもの、たけのこと木の芽でフリットを。
衣の薄力粉はふるってから使うと軽い仕上がりになります。

材料／作りやすい分量
たけのこ(ゆでたもの)　小１本
衣
　薄力粉　50g
　炭酸水　80mℓ
　卵黄　１個分
　塩　少々
　木の芽　10枚
揚げ油(オリーブオイル)　適量
粗塩　適量

1　たけのこは小さめのひと口大に切る。木の芽は粗みじん切りにする。
2　衣を作る。薄力粉はふるってボウルに入れ、炭酸水を加えて泡立て器で混ぜ、卵黄を加えて混ぜ、塩、1の木の芽を加えて混ぜ合わせる。
3　たけのこを2の衣にくぐらせ、170〜180℃の揚げ油で色づくまで揚げる。
4　器に盛り、粗塩をふる。

87

そら豆のペコリーノフリット

春から初夏にぜひ作りたい、ほくほく食感の揚げもの。
そら豆と相性のいいペコリーノチーズの香りを添えます。

材料／作りやすい分量
そら豆(さやから出して皮をむいたもの)
　120g
衣
　薄力粉　50g
　炭酸水　80mℓ
　卵黄　1個分
　塩　少々
　ペコリーノチーズのすりおろし
　　大さじ½〜2
揚げ油(オリーブオイル)　適量
ペコリーノチーズのすりおろし
　適量
粗塩、粗びき黒こしょう　各少々

1　衣を作る。薄力粉はふるって
ボウルに入れ、炭酸水を加えて泡
立て器で混ぜ、卵黄を加えて混ぜ、
塩、ペコリーノチーズをすりおろ
して混ぜ合わせる(写真)。
2　そら豆を1の衣にくぐらせ、
170〜180℃の揚げ油で色づくま
で揚げる。
3　器に盛り、ペコリーノチーズ、
粗塩、粗びきこしょうをふる。

カリフラワーのスパイスベニエ

カレー粉、クミンパウダー、黒こしょうを利かせて
ほんのりスパイシー。サクッと軽い食べ心地です。

材料／4〜5人分
カリフラワー　½個
薄力粉　適量
衣
　ビール(冷えたもの)　½カップ
　塩　小さじ⅓
　カレー粉　小さじ½
　クミンパウダー　小さじ⅓
　黒こしょう　適量
　薄力粉　70g
揚げ油　適量
カレー粉、塩　各少々

1　カリフラワーは食べやすい大きさに分け、薄力粉を薄くまぶす。
2　ボウルにビール、塩、カレー粉、クミンパウダー、黒こしょうを入れて混ぜ、薄力粉を加えて軽く混ぜる。
3　カリフラワーを2の衣にくぐらせ、170〜180℃の揚げ油で色づくまで揚げる。
4　器に盛り、カレー粉と塩をふる。

89

マッシュルームの
カリカリフライ

衣をしっかりとつけ、こんがりと色づくまで揚げて
カリッとさせるのがポイント。これだけで存在感が出ます。

材料／4〜5人分
マッシュルーム　10個
パン粉　½カップ
パセリのみじん切り　小さじ2
パルメザンチーズのすりおろし
　大さじ1
薄力粉、溶き卵　各適量
揚げ油(オリーブオイル)　適量
粗塩　少々
カットレモン　適量

1　マッシュルームは軸を切り落
とす。
2　パン粉はフードプロセッサー
などで攪拌して細かくし、パセリ、
パルメザンチーズを加えて混ぜ
る。
3　マッシュルームに薄力粉を薄
くまぶし、溶き卵、**2**の順に衣を
しっかりとつけ、170〜180℃の
揚げ油でこんがりと色づくまで揚
げる。
4　器に盛り、粗塩をふってレモ
ンを添える。

90

かきのフローレンス風

かきとほうれん草をとり合わせたクラシックな料理。
かきの蒸し汁と生クリーム、バター、卵黄で作るソースが、
うまみの強いかきとよく合います。

材料／4〜5人分

かき（殻つき）　10個
ほうれん草　½束
バター（食塩不使用）　10g
エシャロットのみじん切り
　1個分
塩、白こしょう　各適量
白ワイン　½カップ
生クリーム　½カップ
ブールマニエ
　バター（食塩不使用）　20g
　薄力粉　20g
卵黄　2個分
パルメザンチーズのすりおろし
　適量
パセリのみじん切り　適量

1　かきは殻をあけて身をとり出し、塩水で軽くふり洗いして水気を拭きとる。殻は器に使うので洗っておく。

2　ほうれん草は少しやわらかめにゆで、水気を絞って2㎝幅に切り、さらに水気をていねいに絞る。

3　ブールマニエを作る。バターを室温でやわらかくし、ふるった薄力粉を加えて練り合わせる。

4　フライパンにバターを熱してエシャロットを炒め、1のかきに軽く塩、こしょうをふって加える。白ワインを加えてふたをし、弱火で20〜30秒蒸し煮にする。火を止めてかきをバットにとり出し、蒸し汁はザルで漉す（写真 a）。

5　4の蒸し汁を鍋に入れて火にかけ、生クリームを加えて温め、ブールマニエを加えてとろみが出るまで煮立てる。塩で味を調えて火を止め、粗熱がとれてきたら卵黄を加えて混ぜる（写真 b）。

6　かきの殻にバター（分量外）を薄くぬり、ほうれん草を敷いてかきをのせる。

7　アルミホイルをクシャクシャにして天板の上に広げ、6をのせて安定させ、5のソースをたっぷりとかける（写真 c）。パルメザンチーズをかけ、220℃のオーブンで焼き色がつくまでさっと焼く。

8　器に粗塩を敷いてかきの殻が安定するようにし、6をおいてパセリをふる。

a　　　　　b　　　　　c

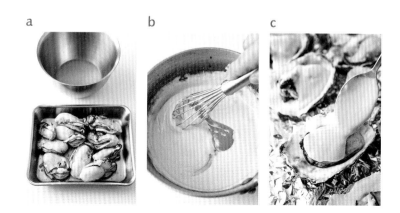

　【 温製オードブル 】

ムール貝の
サフランクリーム蒸し

サフランと生クリームで仕上げるワイン蒸しです。
ムール貝は小ぶりでぷっくりと厚みのあるものがおすすめです。

材料／4～5人分

ムール貝　8～12個
にんにく　1かけ
エシャロット　½個
バター(食塩不使用)　20g
サフラン　ひとつまみ
白ワイン　½カップ
塩、こしょう　各適量
生クリーム　½カップ
セルフィーユ　適量

1　ムール貝はきれいに掃除し、塩水につけて砂抜きをし、水気をきる。にんにく、エシャロットはみじん切りにする。

2　鍋にバターを熱してにんにくとエシャロットを炒め、香りが立ったらムール貝を入れ、サフラン、白ワインを加える。ふたをしてムール貝の殻があくまで蒸し煮にする。

3　塩、こしょうで味を調え、生クリームを加えて1分ほど煮る。

4　器に盛り、セルフィーユを添える。

92

帆立のブルゴーニュ風

特製エスカルゴバターをたっぷりとかけて焼き上げた貝柱は
うまみたっぷり。焼き汁も余すところなくいただきます。

材料／4人分

帆立貝(殻つき)　4個
オリーブオイル　大さじ1
塩　少々

エスカルゴバター

　マッシュルーム　1個
　にんにくのみじん切り　½かけ分
　エシャロットのみじん切り
　　⅛個分
　バター(食塩不使用)　60g
　白ワイン　少々
　レモンの搾り汁　小さじ½
　パセリのみじん切り　大さじ2
　松の実のみじん切り　小さじ2
　塩　小さじ½

1　帆立貝は殻をあけて身をとり
出し、貝柱だけにする。殻はケー
スに使うのでとっておく。

2　エスカルゴバターを作る。バ
ター50gはボウルに入れ、室温で
やわらかくする。マッシュルーム
は石づきをとってみじん切りにす
る。

3　フライパンにバター10gを熱
してにんにく、エシャロット、マ
ッシュルームを炒め、白ワインを
加えアルコール分を飛ばし、火を
止める。粗熱がとれたら**2**のバ
ターに加え、レモンの搾り汁、パ
セリ、松の実、塩を加えて混ぜる。

4　フライパンにオリーブオイル
を熱して貝柱を入れ、強火で両面
さっと焼き、軽く塩をしてすぐに
殻にのせる。**3**のエスカルゴバタ
ーをのせ、220℃のオーブンで焼
き色がつくまで焼く。

93

たこのアヒージョ

アヒージョはにんにくの香りをつけたオリーブオイルで
食材を煮る料理ですが、今回の食材はたこ。
アツアツのオイルはバゲットにたっぷりしみ込ませると美味。

材料／4〜5人分
ゆでだこの足　200g
にんにく　小2かけ
オリーブオイル　大さじ4〜5
塩　小さじ½
白こしょう　適量
イタリアンパセリのみじん切り
　　大さじ1

1　たこは小さめのひと口大に切る。にんにくはみじん切りにする。
2　小鍋にオリーブオイルとにんにくを入れて火にかけ、にんにくの香りが立ったらたこを加え、ときどき混ぜながら中火で煮る。グツグツしてきたら火を止める。
3　塩とこしょうをふり、イタリアンパセリを散らす。

94

小えびのフライ

えびは卵白と片栗粉をまぶしてもみ込むと、
臭みが消え、プリッとした食感に仕上がります。
揚げたてにレモンをキュッと搾ってシンプルにいただきます。

材料／4〜5人分
小えび(無頭。殻つき)　20尾
塩、白こしょう　各少々
レモンの搾り汁　少々
衣
　薄力粉、溶き卵、パン粉
　　各適量
揚げ油　適量
カットレモン、パセリ　各適量

1　小えびは背ワタをとり除き、尾を残して殻をむく。卵白少々と片栗粉少々(各分量外)をまぶしてもみ込み、水洗いし、水気をしっかりと拭きとる。

2　**1**に塩、こしょうを軽くふり、レモンの搾り汁をふる。

3　衣のパン粉はフードプロセッサーなどで攪拌して細かくする。

4　**2**のえびに薄力粉、溶き卵、パン粉の順に衣をつけ、180℃の揚げ油でカラリと揚げる。

5　器に盛り、レモンとパセリを添える。

ひと口ハムカツ

厚切りのハムのおいしさは格別。フライにして楽しみます。
ハニーマスタードソースでオリジナリティを出します。

材料／2～3人分

ロースハム
　1.5cm厚さのもの2枚
白こしょう　少々
衣
　薄力粉、溶き卵、パン粉
　　各適量
揚げ油　適量
ハニーマスタードソース
　フレンチマスタード　大さじ2
　はちみつ　小さじ2
　カイエンペッパー　少々

1　ハムは放射状に8等分に切り
（写真）、こしょうをふる。
2　衣のパン粉はフードプロセッ
サーなどで攪拌して細かくする。
3　ハムに薄力粉、溶き卵、パン
粉の順に衣をつけ、180℃の揚げ
油できつね色にカラリと揚げる。
4　器に盛り、ハニーマスタード
ソースの材料を混ぜ合わせて添え
る。

【温製オードブル】

96

チキンスティックフライ

下味をしっかりつけて揚げるから、熱々でも冷めてもおいしい。
手づかみで食べられるようにスティック状に仕上げます。

材料／5～6人分
鶏胸肉　500g
下味
　リーペリンソースまたは
　　ウスターソース　大さじ1
　しょうゆ　大さじ1
　カレー粉　小さじ1
　クミンパウダー、塩、
　　黒こしょう　各少々
衣
　薄力粉、溶き卵、パン粉
　　各適量
　パセリのみじん切り　適量
揚げ油　適量

1　鶏肉は繊維に沿って2cm幅の
スティック状に切る。
2　ボウルに下味の材料を入れて
混ぜ、**1**を加えてもみ込み、15
分ほどおく。
3　衣のパン粉はフードプロセッ
サーなどで撹拌して細かくし、パ
セリを混ぜる。
4　**2**に薄力粉、溶き卵、**3**のパ
ン粉の順に衣をつけ、170℃の揚
げ油でカラリと揚げる。

チーズとこしょうの
おつまみパイ

手作りのパート・ブリゼにパルメザンチーズをふって
焼き上げます。黒こしょうとカイエンペッパーがアクセント。

材料／作りやすい分量
パート・ブリゼ(p.9参照)　¼量
パルメザンチーズのすりおろし
　30g
黒こしょう　適量
カイエンペッパー　少々

1　パート・ブリゼをめん棒で薄
くのばし、パイカッターなどで食
べやすい長さの棒状に切る。刷毛
で全体に水をぬる。
2　パルメザンチーズ、黒こしょ
う、カイエンペッパーをふり、
190℃のオーブンで15～20分焼
く。

ココナッツとスパイスの
おつまみパイ

ココナッツ、クミン、ターメリックでエキゾチックな香り。
粗塩をふると味がしまり、おつまみに最適です。

材料／作りやすい分量
パート・ブリゼ(p.9参照)　¼量
ココナッツファイン　10g
クミンパウダー　適量
ターメリックパウダー　適量
粗塩　少々

1　パート・ブリゼをめん棒で薄
くのばし、パイカッターなどで食
べやすい大きさの長方形に切る。
刷毛で全体に水をぬる。
2　ココナッツファイン、クミン
パウダー、ターメリックパウダー、
粗塩をふり、190℃のオーブンで
15～20分焼く。

チーズとこしょうの
おつまみパイ

ココナッツとスパイスの
おつまみパイ

キッシュ・ロレーヌ

チーズや生クリーム入りのアパレイユ(卵液)に
ベーコンやマッシュルームを加え、パート・ブリゼに流し入れて
焼き上げた、オーソドックスなキッシュ。
ひと晩おいて落ち着かせてから温め直すのがおすすめ。

材料／直径18cmのタルト型1台分
パート・ブリゼ(p.9参照) ½量
ベーコン 120g
マッシュルーム 10個
玉ねぎ 1個
サラダ油 大さじ1
塩、こしょう 各適量
アパレイユ
　卵 1個
　卵黄 1個分
　生クリーム ½カップ
　牛乳 30㎖
　塩 小さじ½
　ナツメグ 小さじ¼
　グリュイエールチーズ 60g

1 ベーコンは1㎝幅に切り、マッシュルームは石づきをとって薄切りにし、玉ねぎは粗く刻む。フライパンにサラダ油を熱してベーコンを炒め、マッシュルーム、玉ねぎを加えてしんなりするまで炒める。塩とこしょうで軽く味をつける。

2 アパレイユの材料は混ぜ合わせる。

3 パート・ブリゼをめん棒で薄くのばし、直径22〜23㎝の円形にする。バター(分量外)をぬった型にぴっちりと敷き込み、型の側を指先で押しつけて生地を立ち上がらせ、縁から出た余分な生地は切り落とす(写真a)。

4 冷蔵庫で30分ほど冷やし、タルトピンでつまんで模様をつける(写真b)。

5 オーブンシートを敷いて重石をのせ(写真c)、190〜200℃のオーブンで20分ほど焼く。重石をはずして冷ます。

6 1を入れて全体に広げ、アパレイユを注ぎ入れ(写真d)、さらに180℃のオーブンで30分ほど焼く。冷ましてから型からとり出し、切り分ける。

a

b

c

d

【 温製オードブル 】

あめ色玉ねぎのタルトレット

濃いあめ色になるまで炒めた甘い玉ねぎとアンチョビー、
サワークリーム、レーズンをとり合わせた、
ひと口サイズのタルト。小さいながらも深い味わい。

材料／直径6×高さ2㎝の
　タルトレット型8個分
パート・ブリゼ(p.9参照)　½量
あめ色玉ねぎ(作りやすい分量)
　玉ねぎ　1個
　オリーブオイル　適量
　アンチョビー　10g
　塩　小さじ¼
レーズン　大さじ2
サワークリーム　適量

1　パート・ブリゼをめん棒で薄くのばし、直径9㎝のセルクルで抜く(写真a)。バター(分量外)をぬったタルトレット型に敷き詰め、縁から出た余分な生地は切り落とす。

2　重石をのせて190℃のオーブンで15〜20分焼く(写真b)。オーブンから出し、冷ましてから型からはずす。

3　あめ色玉ねぎを作る。玉ねぎは半分に切り、さらに半分に切ってから薄切りにする。アンチョビーはたたく。

4　フライパンにオリーブオイルを熱し、3を入れて濃いあめ色〜茶色になるまでよく炒める。アンチョビーを加えて炒め、塩で味を調える。ボウルに移して粗熱をとり、レーズンを混ぜる(写真c)。

5　2のタルトレットにサワークリームを入れ、4のあめ色玉ねぎをのせる。

a

b

c

d

食べたい素材で探す index

坂田阿希子　SAKATA AKIKO

フランス料理店やフランス菓子店での経験を重ねたのち、
料理研究家として独立し、テレビやラジオ、書籍、雑誌などで活躍。
2019 年には東京・代官山に「洋食 KUCHIBUE」をオープンし、
オーナーシェフとして厨房でも腕をふるう。
同店で開催する料理教室も人気。
『サンドイッチ教本』を皮切りに教本シリーズは本書で 7 冊目。
ロングセラーとなっている。

https://kuchibue.tokyo

ブックデザイン	茂木隆行
撮影	広瀬貴子
スタイリング	久保百合子
構成・編集	松原京子
プリンティングディレクター	栗原哲朗（図書印刷）

オードブル教本

2021 年 11 月 11 日　第 1 刷発行

著　者	坂田阿希子
発行者	千石雅仁
発行所	東京書籍株式会社
	東京都北区堀船 2-17-1　〒114-8524
	電話　03-5390-7531（営業）　03-5390-7508（編集）
印刷・製本	図書印刷株式会社